10대와 통하는
기후 정의 이야기

10대와 통하는
기후 정의 이야기

제1판 제1쇄 발행일 2021년 5월 31일
제1판 제6쇄 발행일 2024년 2월 1일

글 _ 권희중, 신승철
기획 _ 책도둑(박정훈, 박정식, 김민호)
디자인 _ 채홍디자인
펴낸이 _ 김은지
펴낸곳 _ 철수와영희
등록번호 _ 제319-2005-42호
주소 _ 서울시 마포구 월드컵로 65, 302호(망원동, 양경회관)
전화 _ 02) 332-0815
팩스 _ 02) 6003-1958
전자우편 _ chulsu815@hanmail.net

ISBN 979-11-88215-59-1 43300

철수와영희 출판사는 '어린이' 철수와 영희, '어른' 철수와 영희에게
도움 되는 책을 펴내기 위해 노력합니다.

10대와 통하는

기후
정의
이야기

글 권희중, 신승철

철수와영희

머리말

왜 기후 정의를
실현해야 하나요?

기후 정의라는 말을 들어 보셨나요? 기후 정의는 기후 위기로 발생하는 불평등한 구조를 정의롭게 극복해야 한다는 메시지를 담고 있습니다. 잘사는 나라는 물, 가스, 전기, 위생 시설 등의 공급 체계가 잘되어 있어서, 기후 위기에 비교적 잘 적응할 수 있지만, 가난한 나라는 이런 시설이 부족해 가뭄, 폭우, 폭염 등 기상 재난을 맨몸으로 맞이해야 합니다. 기후 위기의 원인인 온실가스는 잘사는 나라들이 많이 배출하는데 그 피해는 가난한 나라들이 감당하는 상황이에요.

어린이와 청소년도 이러한 '기후 부정의' 상황에 놓여 있습니다. 어른들 잘못으로 생긴 피해를 고스란히 짊어져야 하니까요. 어린이, 청소년들은 내 책임이 아닌데도 피해자가 되어야 합니다. 그러면 어떻게 해야 기후 정의를 실현하고 기후 위기로 인한 파국을 막을 수 있을까요? 이 책은 이런 질문에 대해 청소년 여러분들과 함께 고민하고 대답해 보고자 합니다.

1부는 기후 변화가 무엇이며, 왜 기후 변화를 '기후 위기'로 불러야 하는지에 대한 이야기입니다. 기후 위기에 관한 이야기와 함께 지구 생태계와 가난한 나라 사람들이 겪는 현실에 대해 알아보고, 이것이 모두의 책임인지 아니면 누군가에게 더 큰 책임이 있는지 차근차근 살펴봅니다. 2부에서는 기후 위기 적응 방법과 비용 문제, 그리고 파리 협정 같은 국제 협약이 탄생한 배경, 기후 변화와 육식의 관계 등에 대해 알아봅니다. 3부에서는 핵 발전이 기후 위기의 해결책이 아닌 이유와 기후 위기에 대한 정부와 기업의 대응인 그린 뉴딜, 기후 금융, 생태 배당 등에 대해 살펴봅니다. 그리고 기후 정의를 위해서 우리가 직접 행동에 나설 수 있는 부분이 무엇인지에 대해서 알아볼 것입니다. 특히 우리가 사소하게 생각했던 생활 습관과 기후 위기와의 관련성을 함께 생각해 보는 시간을 갖습니다.

국제 사회는 한국을 '기후 악당 국가'라고 부릅니다. 전 세계 국가 중 탄소 배출량이 7위이면서도 기후 위기에 제대로 대처하지 않는 한국에 대한 시선은 곱지 않습니다. 몇 년 전부터 많은 청소년이 한국 정부의 이런 무책임한 태도에 항의하는 '기후 행동'을 진행하고 있습니다. 청소년들의 기후 행동은 정부에게 지구 환경을 생각하고 책임 있게 행동하라는 정의로운 요청이라고 할 수 있습니다. 우리가 지금 당장 노력하지 않는다면, 그 대가는 고스란히 미래 세대에게 돌아옵니다.

이 책이 기후 위기에 대응하고 극복하는 데 조금이나마 도움이 되었으면 합니다. 희망은 무심결에 찾아오는 것이 아니라, 우리가 만드는 것입니다. 모두가 힘을 모아야 이 거대한 위기를 헤치고 앞으로 나아갈 수 있습니다. 미래는 행동에서 시작합니다. 지금 나서야 합니다.

권희중, 신승철 드림

차례

2부. 지구를 위한 변화

3부. 기후 정의를 위해

1부
기후 위기 바로 보기

기후 변화가
뭐예요?

2018년 11월 미국 동부 지역에 때 이른 한파가 불어닥쳤습니다. 당시 미국의 대통령이던 트럼프는 이 소식을 듣고 다음과 같이 트위터에 글을 썼다고 합니다.

"잔혹하고 긴 이번 한파는 모든 기록을 깰 수도 있다. - 지구 온난화에 무슨 일이 일어난 건가?"

기후 위기는 없다?

한 신문은 이 트윗에 대해 "트럼프가 '이렇게 추운데 지구 온난화가 웬 말이냐'고 했다"는 제목으로 기사를 냈습니다. 그리고 "기후climate와 날씨weather의 차이를 이해하기 위해 반드시 과학자가 되어야 하는 건 아니다. 초등학생도 기후와 날씨의 차이쯤은 구분할 줄 안다. 반면 도널드 트럼프 미국 대통령은 도무지 그 차이를 이해하지 못하는 것으로 보인다"라고 비꼬았습니다. 또, 미국 항공우주국NASA이 기후와 날씨의 차이에 대해 친절하게 설명한 내용을 덧붙였습니다.

날씨는 짧은 기간 동안의 대기 상황이 어떤지를 뜻하고, 기후는 상대적으로 긴 기간 동안 대기가 어떻게 '작용'하는지를 가리킵니다.

우리가 기후 변화를 얘기할 때는 1일 평균 날씨의 장기적 변화에 대해 얘기하는 것입니다. 오늘날 어린이들은 부모와 조부모들로부터 '우리 때는 항상 허리 높이까지 쌓인 눈을 헤치고 학교에 가곤 했다'는 얘기를 듣곤 합니다. 요즘 대부분 지역의 어린이들은 그런 지독한 눈으로 가득한 겨울을 겪어 본 적이 없습니다. 2005년 미국 동북부를 제외하면 말이죠. 최근 겨울의 변화들은 어린이들의 부모들이 어렸을 때 이후 기후가 변화해 왔음을 보여 줍니다. - NASA

우리가 살면서 경험하는 것은 날씨입니다. "비가 많이 온다", "햇볕이 뜨겁다", "습기가 많다" 등이 그것이죠. 기후는 그것보다 긴 시간, 대개 수십 년간 한 지역의 날씨를 평균한 것입니다. 트럼프 대통령이 트윗에 쓴 미 동부 지역의 때 이른 한파는 날씨 변화이고, 지구 온난화 즉 지구 평균 기온의 지속적 상승은 기후 변화인 것입니다.

기후 변화는 자연적으로도 일어나고 인간 활동에 의해서도 일어납니다. 자연적인 기후 변화의 원인은 예를 들자면 태양 흑점의 변화가 있습니다. 흑점이 많아지면 지구 기온도 올라가는 현상이 관측되었죠. 또 화산이 폭발하면 화산재가 태양빛을 가려서 기온이 떨어집니다. 이런 것 말고도 기후는 여러 자연적 요인에 의해 끊임없이 변하고 있습니다.

인간 활동에 의한 기후 변화의 원인으로는 화석 연료 사용에 의한 대기 중 온실가스 증가를 들 수 있습니다. 18세기 이전까지 인간이 배출한 온실가스의 양은 얼마 되지 않았습니다. 하지만 18세기 산업 혁명이 일어나면서 인간이 배출하는 온실가스 양은 급격히 늘어났습니다. 많은 공장을 건설하고, 제품들을 대량 생산하기 위해 에너지원이 되는 화석 연료를 많이 소비했기 때문이죠. 인류가 1970년부터 2011년까지 40년 동안 배출한 온실가스 양은 1970년 이전 220년 동안 배출한 양과 비슷하다고 합니다. 이산화탄소를 흡수하는 숲이 사라지고 자연환경이 파괴된 것도 대기 중 온실가스가 늘어나는 데 큰 역할을 하고 있습니다.

최근 기후 변화가 인간 활동 때문이라는 것은 대부분 과학자들이 인정하는 사실입니다. 2011년 논문에 의하면 과학자들을 대상으로 한 설문 조사 결과 97%가 지구 온난화에 동의하고 84%가 인위적 지구 온난화에 동의했다고 합니다.

하지만 기후 변화를 부정하는 사람들이 있습니다. 이들은 기후 변화는 일어나지 않고 있다고 주장하거나, 기후 변화가 일어나고 있지만 인간 활동에 의한 것이 아닌 자연스러운 현상이라고 주장합니다. 지구의 자정 능력으로 기후 변화가 저절로 해결된다거나 기후 변화가 우리에게 이로울 것으로 주장하는 사람들도 있습니다. 더 나아가 기후 변화가 "유로화를 통한 탄소 거래로 세계 패권을 쥐려는 유럽의 음모다", "미국 제조업계의 경쟁력을 앗아가기 위해 중국인들이 만들어 낸 개념이다" 같은 음모론도 있습니다.

하지만 이런 주장들은 사실이 아니거나 가짜 뉴스로 밝혀지고 있습니다. 또 음모론을 만들어 내는 많은 학자들은 화석 연료업계에서 후원을 받은 기관이나 어용 단체로부터 돈을 받아 연구를 수행하고 있습니다. 기후 변화가 오히려 도움이 된다는 주장을 하는 과학자 프레드 싱거는 국제 기후 변화 비정부 협의체NIPCC를 통해 기후 변화를 부정하는 보고서를 제출했는데, 이 단체는 화석 연료 산업의 대변자인 하트랜드연구소의 후원을 받고 있습니다.

인간 활동에 의한 기후 변화는 세계기상기구WMO와 유엔환경계획UNEP이 1988년에 공동 설립한 기후 변화에 관한 정부 간 협의체IPCC에 의해 과학적으로 규명되고 인정된 사실입니다. IPCC에는 80개 이상의 국가에서 800명 이상의 과학자가 저자로, 2000명의 전문가가 기여 저자와 검토자로 참가하고 있습니다. 기후 변화를 부정하는 것은 사실상 화석 연료산업을 유지하거나 현재 산업의 성장을 유지하겠다는 보수층의 주장일 따름입니다. 실제로 기후 변화 부정론을 주도하는 세력은 기후 과학에 종사하는 전문 과학자보다 자신의 이념이나 이권을 수호하려는 각종 로비스트, 언론인, 정치인, 다른 분야에 종사하는 과학자로 구성되어 있습니다.

지구 온난화, 기후 변화, 기후 위기

지구 온난화, 기후 변화는 인간 활동에 의한 지구 평균 기온 상승이라는 동일한 현상을 뜻하는 말들입니다. 특히 기후 변화는 지구 온난화로 인한 폭염, 가뭄, 태풍, 한파 등의 날씨 변화까지 포괄하는 넓은 의미로 쓰입니다. 2019년부터는 기후 변화의 심각성을 강조한 '기후 위기'라는 용어를 사용하고 있습니다.

기상 이변이 말해 주는 것

기후 변화는 우리 생활에 어떤 변화를 가져올까요? 우선 폭염, 태풍, 한파 등의 기상 이변이 심해질 것입니다. 2018년은 우리나라에서 기상 관측이 시작된 111년 이래 가장 더운 해였습니다. 당시 온열 질환으로 인한 사망자 수는 48명으로 이전 7년간 연평균인 10.7명의 4.5배에 달했습니다. 하지만 폭염으로 인한 지병의 악화나 합병증 등으로 사망한 이들까지 생각하면 정부 통계보다 최대 20배가 더 많을 수 있다는 연구 결과도 있습니다. 더위를 이기지 못한 가축이 908만 마리, 어류가 709만 마리 폐사했고, 경제 손실은 800억 원에 이르렀습니다. 폭염의 피해자들은 주로 사회적 약자들입니다. 폭염에도 야외 작업을 멈추기 어려운 일용직 노동자나 농부, 에어컨을 틀기 어려운 가난한 노인들이 가장 큰 영향을 받습니다. 우리나라의 경우 폭염이 심해지자 정부가 2008년부터 폭염 특보를 발령하고 있는데, 기준이 모호하고 습도가 고려되지 않는 등 미흡한 점이 많다고 합니다.

태풍도 더욱 강해집니다. 태풍은 바다의 온도가 26도보다 높으면 발생하는데, 바다로부터 증발한 수증기를 공급받으며 커집니다. 지구 평균 기온이 1도 상승하면 바닷물이 증발하여 생기는 수증기가 7% 증가하기 때문에 지구 온난화가 심해질수록 수증기를 에너지로 하는 태풍은 점점 커집니다. 통계에 의하면 태풍의 파괴력은 1970년대 이후 지속적으로 증가하는 추세입니다. 2005년 미국 뉴올리언스에 상륙한 허리케인 카트리나는 수천 명의 사망자를 발생시켰고, 2019년 발생한 하비기스는 일본에 상륙한 60년 만의 최악의 태풍으로 90명 이상이 사망하거나 실종되었습니다. 이외에도 태풍이 없었던 중남미나 유럽에도 앞으로 태풍이 불어닥칠 수 있다는 예측도 있습니다.

　기후 변화는 태풍뿐 아니라 한파도 가져옵니다. 지구의 극지방에는 제트 기류라는 것이 있습니다. 이 제트 기류는 북극의 한기가 중위도까지 내려오는 것을 막아 줍니다. 그런데 북극의 기온이 올라가면서 빙하가 많이 녹으면 제트 기류가 약해지면서 한기가 중위도까지 내려옵니다. 이 영향으로 북반구 곳곳에 이상 한파가 발생하게 됩니다. 한국도 2009년부터 2012년까지 몹시 심한 추위를 겪었고, 2018년 겨울도 매우 추웠습니다. 북미 지역은 2018년 영하 50도까지 떨어지는 100년 만의 혹한을 기록했고, 이 살인적인

태풍 경보가 발효된 부산 지역에 파도가 밀려드는 모습. ⓒ부산광역시

추위는 2019년 겨울에도 계속되었습니다.

기후 변화는 해수면을 상승시킵니다. 해수면 상승은 두 가지 원인으로 일어납니다. 첫 번째는 바다의 전체 부피가 증가하는 것입니다. 기후 변화로 육지의 빙하가 녹는다면 그 물이 바다로 흘러들어 해수면이 상승합니다. 두 번째는 열팽창입니다. 지구 평균 기온 상승에 따라 바닷물 온도도 올라가고 이는 바닷물을 팽창시킵니다. 측정에 따르면 지구 평균 해수면은 1961년부터 2003년까지 연간 1.8밀리미터씩 상승했습니다. 연간 몇 밀리미터는 얼마 안 되는 높이인 것처럼 보입니다. 하지만 해수면이 1센티미터만 상승해도 해안 지역 주민들은 직접적인 영향을 받습니다. 폭풍우와 홍수로 토지와 가옥이 침수되고 일부 지역 주민들은 이미 해수면 상승 때문에 삶의 터전을 떠나야 하는 처지에 놓여 있습니다.

해수면 상승이 가장 심각한 곳은 우리가 사는 아시아 태평양 지역입니다. 투발루와 같은 태평양의 작은 섬나라들은 머지않아 물에 잠기게 될 것입니다. 필리핀 수도 마닐라의 시민들은 해수면이 50년 전에 비해 80센티미터가 상승해 상습적 홍수로 고통받고 있습니다. 2019년 11월 이탈리아 베네치아는 53년 만의 최악의 홍수로 도시와 유적지가 물에 잠기기도 했습니다. 한국의 경우도 30년간 평균 해수면이 106밀리미터 상승했는데, 이는 세계 평균의 두 배 가까운 수치입니다. 해수면 상승으로 인한 피해는 남의 일이 아닙니다.

기후 변화는 식량 위기를 초래합니다. 앞에서 기온이 1도 오르면 대기 중 수증기가 7% 증가한다는 이야기를 했습니다. 이렇게 공기가 습해지면 폭우 발생이 잦아집니다. 많은 비가 단시간에 내리면 나머지 기간은 햇볕이 쨍쨍 내리쬐면서 가뭄이 듭니다. 이렇게 홍수와 가뭄이 반복되면 농사를 짓는 데 어려움이 생겨 식량 생산량이 줄어듭니다. 실제로 남미와 유럽 남부, 인도와 중국, 호주 남부 지역에서는 빈번한 홍수와 가뭄으로, 아프리카 전역은 급속한 사막화 현상으로 농산물 생산이 급격히 감소하고 있습니다. 우리나라도 2001년부터 2018년 사이 가뭄이 총 13회 발생했는데 이전보다 두 배 가까이 늘어난 수치입니다. 2009년 강원도 태백은 극심한 겨울 가뭄으로 시내까지 수돗물 공급이 완전히 끊기는 사태가 발생해 주민들이 난민과 같은 생활을 했습니다. 2015년에는 42년 만에 찾아온 최악의 가뭄으로 타들어 가는 논에 소방차로 물을 대기도 했습니다. 2019년 기준 우리나라의 식량 자급률은 45.8%, 특히 곡물 자급률은 21%에 불과해 기후 변화로 인한 식량 위기는 우리 생존의 문제와도 연결될 수 있습니다.

기후 변화는 경제 위기와 경제적 불평등을 심화시킵니다. 2005년 8월 초대형 태풍 카트리나가 미국 남부 도시 뉴올리언스를 덮쳤습니다. 당시 뉴올리언스 시장은 시민들에게 대피령을 내렸습니다. 부유한 사람들은 차를 타고 다른 주로 대피했지만, 차가 없거나 호텔비를 마련하기 힘들었던 가난한 사람들은 도시에 남을 수밖에 없었습니다. 가난한 사람이 많이 살았던 뉴올리언스 동부는 수몰되어 사람들이 지붕 위로 올라가 구조를 기다리고, 실내 체육관 슈퍼돔에는 3만 명의 이재민이 몰렸습니다. 태풍이 지나가고 3일이 더 지나서야 첫 구호 물품이 공급되었는데, 기다림에 지친 이재민들은 물에 잠긴 가게를 약탈하기 시작했습니다. 경찰은 구조 작업을 중단하고 약탈을 저지하라는 명령을 받았고, 이라크 전쟁에서 복귀한 주 방위군이 배치되었습니다. 그들에게는 발포권이 허가되었습니다. 주 지사는 "주 방위군은 M-16으로 무장하고 있습니다. 그들은 쏘는 법도 알고, 죽이는 법도 압니다"라고 엄포를 놓았습니다. 태풍으로 가난한 이재민들 수천 명이 죽고, 수십만 명의 가족이 뿔뿔이 흩어졌으며, 피해 보상도 받지 못하고 집에서 쫓겨났습니다. 뉴올리언스의 부유한 지역은 재건 사업이 진행되었지만, 가난한 지역에서는 10만 채의 집이 철거되었습니다.

우리 경제는 탄소를 배출하면서 성장하고 있습니다. 탄소 배출을 제한한다면 경제 성장이 어려워지고, 탄소를 계속 배출한다면 자연재해로 인한 피해가 급증할 것입니다. 이미 경제 분석가들은 기후 변화로 커다란 경제 위기가 닥칠 수 있다고 우려하고 있고, 자연재해로 입는 손실 역시 매년 급증하고 있습니다. 그렇게 되었을 때 그 피해는 뉴올리언스의 사례처럼 가난한 사람들에게 집중되어 불평등은 더욱 커집니다. 미국 스탠퍼드 대학의 연구에 의하면 기후 변화로 인해 가난한 나라와 부유한 나라들 사이의 GDP(국내 총생산) 격차는 더욱 커졌습니다. 또, 각 나라 안의 지역 간 계층 간 불평등도 악화시켰을 것으로 추정합니다.

지구는 알고 있다

기후 변화가 일어나는 이유는 온실 효과greenhouse effect 때문입니다. 태양은 전자기파(자외선, 가시광선)의 형태로 1제곱미터당 평균 1370와트의 에너지를 계속해서 지구 표면으로 공급합니다. 지구가 1년 동안 태양으로부터 받아들이는 에너지는 전 인류가 1년간 소비하는 에너지량의 6877배에 달합니다. 태양으로부터 오는 에너지의 30%는 대기와 구름, 지구 표면에 의해 반사됩니다. 나머지 70%는 대기와 구름, 육지와 해양에 흡수됩니다. 이렇게 흡수된 전자기파들은 지표를 평균 14도 정도의 온도로 덥힙니다.

지구 또한 열을 눈에 보이지 않는 적외선의 형태로 대기로 방출합니다. 이 적외선은 태양이 지구에 공급하는 전자기파와는 달리 파장이 길기 때문에 대기 중의 일부 기체(온실가스)를 통과하지 못하고 흡수됩니다. 이렇게 흡수된 적외선은 대기 온도를 높이고, 온도가 높아진 대기는 다시 적외선을 방출하여 지표면 온도를 높입니다. 이것이 온실 효과입니다. 태양으로부터 오는 전자기파는 통과시키고 지표로부터 방출되는 적외선은 통과하지 못하도록 함으로써 마치 비닐하우스처럼 내부 온도를 높입니다.

온실 효과는 생명에 꼭 필요한 자연 현상입니다. 온실 효과가 없다면 지구의 평균 온도는 영하 19도가 되었을 것으로 예측합니다.

온실가스는 온실 효과를 일으키는 기체를 말합니다. 온실가스는 대기 중에 아주 적은 양으로 존재하지만 기후 변화에 강력한 영향을 미칩니다. 산업 혁명 이전 인류가 배출한 온실가스는 요리나 난방에 쓰이는 정도였고, 기후에 영향을 미칠 수 없는 작은 양이었습니다. 하지만 현재 인류가 배출하는 온실가스의 양은 지구 기후에 영향을 미치는 수준이 되었습니다. 이 온실가스에는 어떤 것들이 있을까요?

우선 지구 온난화에 가장 큰 원인이 되는 이산화탄소가 있습니다. 이산화탄소는 지구 온난화에 55% 영향을 끼치며 평균 100년 동안 대기 중에 머무릅니다. 자연에서 이산화탄소는 동물의 호흡 과정, 죽은 동식물의 분해 과정, 화산 활동 등을 통해 대기 중으로 배출됩니다. 이렇게 배출된 이산화탄소는 식물의 광합성과 하천, 해양 용해를 통해 대기로부터 제거됩니다. 이산화탄소는 화석 연료에서 에너지를 얻고자 하는 산업 사회의 인간 활동에 의해서도 발생합니다. 석탄, 석유, 천연가스와 같은 화석 연료를 연소시키는 발전, 운송, 가정용 에너지 공급 등 거의 모든 산업과 생활 영역에서 이산화탄소가 발생합니다. 그런데 인간은 개발을 위해 이산화탄소의 주요 흡수원인 삼림을 훼손하여 대기 중 이산화탄소 농도를 더욱 높이고 있습니다. 현재 대기 중 이산화탄소는 산업 혁명 이전에 비해 35% 이상 많습니다.

　두 번째는 지구 온난화에 15% 영향을 끼치는 메탄입니다. 메탄은 이산화탄소에 비해 양이 작지만 이산화탄소의 20배가 넘는 태양 에너지를 흡수합니다. 자연에서 메탄은 동물의 소화 과정과 동물의 배설물이나 죽은 동식물의 사체 등 유기물의 부패와 발효 과정에서 발생합니다. 인간에 의한 대기 중 메탄의 주요 배출원은 농축산업과 화석 연료의 사용입니다. 특히 현대의 육식에 기반한 식습관은 메탄 대량 방출의 원인이 되고 있습니다. 2017년 자료에 의하면 전 세계에서 사육되는 소는 10억 마리에 이릅니다. 소는 반추위에서 미생물이 음식을 발효시켜 소화를 하는데, 이 과정에서 다량의 메탄가스가 방귀와 트림으로 발생합니다. 소를 비롯한 가축들의 목장을 만드는 과정에서 일어나는 대규모 삼림 파괴는 대기의 온실가스 농도를 더욱 높입니다.

　세 번째는 지구 온난화에 6% 영향을 끼치며 약 120년 동안 대기에 머무르는 아산화질소입니다. 아산화질소는 주로 농업에서 발생합니다. 농업에서 온실가스가 발생한다는 것이 의외라고 생각할 수 있습니다. 하지만 관행 농업이라고 불리는 현대의 농업은 농약, 비료, 농기계 사용과 비닐하우스 난방, 운송 등의 활동이 주축이 되는, 사실상 화석 연료에 기반한 산업 활동이라고 볼 수 있습니다. 인류에 의해 대기로 배출되는 아산화질소의 3분의 1은 농업에 사

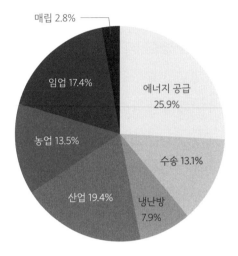

매립 2.8%

임업 17.4%

에너지 공급
25.9%

농업 13.5%

수송 13.1%

산업 19.4%

냉난방
7.9%

세계 분야별 온실가스 배출량,
제리 실버, 『스스로 배우는 지구 온난화와 기후 변화』(푸른길, 2010)

용되는 질소 비료가 원인입니다. 질소 비료는 하천, 강, 바다로 흘러가 녹조, 적조 현상의 원인이 되기도 하고, 농도가 높을 경우 이 물을 먹은 어류나 동물들을 죽일 수도 있습니다. 수입 농산물과 같이 먼 곳에서 생산되는 농산물이나 비닐하우스에서 재배된 농산물은 운송과 난방 과정에서 화석 연료를 사용합니다.

네 번째로는 수소불화탄소, 과불화탄소, 육불화황 등 에어컨 냉매와 전기·전자 제품의 생산과 폐기 과정에서 발생하는 물질의 비중도 무시할 수 없습니다. 이들은 이전에 자연계에 존재하지 않던, 인간 활동에 의해 만들어진 물질로서, 이산화탄소와 비교했을 때 수소불화탄소는 1300배, 과불화탄소는 7000배, 육불화황은 무려 2

만 2000배가 넘는 온실 효과를 가지고 있습니다. 이 기체들은 지구 온난화에 24% 영향을 끼치고 있습니다. 이런 화학 물질에 대한 규제와 대체 논의가 1980년대 말부터 전 세계적인 기후 회의에서 이루어지고 있습니다. 특히 2016년 르완다 수도 키갈리에서 열린 몬트리올 의정서 28차 당사국 총회에서는 수소불화탄소 사용을 제한하는 것에 170개국이 합의했습니다. 그 결과 2019년부터 단계적으로 수소불화탄소의 사용에 대한 규제와 대체 물질로의 이행을 시행하게 되었습니다.

2
지구에 무슨 일이 생겼나요?

"'올해 율무 농사는 포기했습니다. 율무 외에 다른 작물은 재배하는 것이 없으니 완전히 빈손이 된 거죠.' 8일 경기 연천 지역 들녘에서 만난 율무 재배 농민들은 끝없이 이어지는 기록적인 폭염과 가뭄에 지쳐 한숨만 쉬었다. 아침부터 기온은 벌써 30도를 넘어서고 있었다."

2018년 8월 농민신문에 실린 기사입니다. 기후 변화는 해수면의 상승, 폭염, 태풍 등 자연재해와 물 부족, 계절의 변화 등을 일으킵니다. 이러한 변화는 식량 위기를 초래합니다. 특히 물 부족은 식량 위기와 큰 관련이 있습니다. 지구 상의 대부분 물은 해수나 빙하, 만년설의 형태로 존재합니다. 실제 인간이 이용할 수 있는 지구 표면의 물(지표수)은 지구 전체 물의 0.0072%에 지나지 않습니다. 지구 전체의 물을 5L 통에 담았을 때, 찻숟가락 하나 정도밖에 안 되는 양입니다. 앞에서 살펴보았듯이 기온 상승으로 인한 대기 중 수증기량 증가는 폭우로 인한 토양 유실과 가뭄으로 인한 물 부족 현상을 가져옵니다.

농사를 포기한 사람들

농민들에게 물 부족은 심각한 문제입니다. 물이 부족해지면 많은 농민은 밭농사를 포기하게 됩니다. 논농사의 경우 관개용수를 통해 논에 물을 댈 수 있지만, 밭농사는 대부분 수돗물을 사용하기 때문에 물을 너무 많이 사용하면 수지타산이 맞지 않습니다. 실제로 폭염과 가뭄이 심했던 2018년, 많은 농민이 수확을 포기했다고 합니다. 가뭄이 심해지면 논농사도 타격을 입습니다. 대전충남 녹색연합의 조사에 따르면 부여군에서는 가뭄 때 녹조와 썩은 악취로 접근조차 힘든 4대강 보 물을 농업용수로 사용하고 있었습니다. "이런 강물이 농업용수로 사용된다는 것은 무서운 일이다. 외국의 사례를 찾아보고 수질 조사와 분석을 해서 농작물에 어떤 피해가 있는지 확인해야 한다"고 환경 활동가들은 말합니다.

물 부족 때문에 농사가 어렵다는 이야기에 지표수의 100배가 넘는 양의 지하수를 이용하면 되지 않겠냐는 생각을 할 수 있습니다. 하지만 최근에는 지나친 사용으로 지하수 고갈이 심각해지고 있습니다. 지하수가 고갈되면 지반 침하나 오염이 일어나기 쉽습니다. 이렇게 오염된 지하수를 원래 상태로 돌려놓는 데에는 수십에서 수백 년이 걸리고, 빗물이 스며들어 지하수가 빠져나간 대수층을 다시 채우는 데는 수천 년이 걸립니다. 그래서 지하수를 이용한 농업은 사실상 지속 가능하지 않다고 볼 수 있습니다. 나사의 2015년 조사에 따르면 실제 전 세계 대수층의 35%는 지하수 고갈이 위험한 수준이라고 합니다.

식량 위기와 기아, 내전

"저는 에이즈로 부모님을 잃고 이모 가족과 함께 살고 있어요. 매일 아침, 저는 학교에 가는 대신 쥐를 잡으러 갑니다. 하루에 보통 여덟 마리를 잡는데, 집에 돌아오면 쥐를 말려 가족과 함께 먹습니다."

2016년 짐바브웨의 17세 소년 메티셀 리가 국제 카리타스 구호 요원들에게 전한 말입니다. 식량 위기는 기아를 심화시킵니다. 유엔아동기금의 조사에 따르면 2016년 기아로 인한 영유아 사망자 수는 300만 명이 넘고, 세계 어린이의 3분의 1은 영양실조나 정크

푸드 섭취로 인해 과체중 상태입니다. 또 세계기아지수Global Hunger Index에 따르면 기아 인구는 2000년 이후 줄어들다가 2015년 이후 오히려 늘어나 2018년에는 세계 인구의 11%가 기아 상태에 처해 있습니다.

식량 위기는 곡물 가격 상승을 초래하고 이는 무력 분쟁의 원인이 되기도 합니다. 지난 2003년 지구촌 최대 비극이라고 일컬어지는 수단의 다르푸르 대학살은 기후 변화로 인해 발생했습니다. 다르푸르 지역은 예전에는 살기 좋은 곳이었습니다. 비는 충분하지 않았지만 토양이 비옥해 곡식과 과일을 집약적으로 재배할 수 있었습니다. 그러나 지구 온난화로 가뭄이 심해지면서 유목민들이 가축에게 풀을 먹이는 초지가 사라졌으며 농사를 지을 땅은 사막으로 변했습니다. 그러자 아랍계 유목민이 소와 염소를 먹이기 위해 아프리카계 농부들이 경작하는 농지를 침범했습니다. 아랍계 민병대는 흑인 토착민을 상대로 인종 청소를 벌였는데 이로 인해 2010년까지 30만 명이 죽고 220만 명의 난민이 발생했습니다. 기후 변화로 거주가 불가능해진 지역을 떠날 수밖에 없는 사람과 이들의 거주지 침범을 막으려는 사람들 사이에서 일어난 갈등이었습니다. 다르푸르 대학살은 기후 변화가 초래한 최초의 학살로 기록되었습니다.

2010년 중동을 휩쓸었던 민주화 운동인 '아랍의 봄'이 사실 기후 변화로 인한 러시아의 밀 수출 봉쇄 조치로부터 시작되었다는 점은 잘 알려져 있지 않습니다. "밀가루를 달라"는 시민들의 외침은 아랍 국가들의 민주화 운동으로 확산되었습니다.

가장 극단적인 사례는 내전으로 약 37만 명의 사망자와 1200만 명 이상의 난민이 발생한 시리아입니다. 시리아가 위치한 '시아 초승달 지대'는 1만 2000년 전 인류가 최초로 농경과 목축을 시작한 곳입니다. 내전 발발 전인 2010년까지는 호주보다 더 많은, 한 해에 850만 명의 외국인 관광객을 유치했고, 수도 다마스쿠스는 2008년 '아랍의 문화 수도'로 선정되었습니다. 하지만 2006년부터 2010년 사이 극단적인 가뭄과 흉작을 겪으면서 시리아는 혼란스러워졌습니다. 나사에 따르면 이 중동 가뭄은 900년 만의 최악의 가뭄이었다고 합니다. 이 가뭄으로 삶의 터전을 잃은 농민들이 도시로 몰려들었고, 이는 민주화 운동과 IS의 등장, 내전으로 이어져 지금과 같은 수많은 사상자와 난민을 발생시켰습니다.

지구촌의 평화를 위해서도 기후 변화에 대한 대응은 절실한 상황입니다.

섬나라들의 호소 – 투발루는 어떻게 되었나?

2009년 10월 17일 몰디브에서는 수중 각료 회의가 열렸습니다. 모하메드 나시드 대통령과 10여 명의 각료 전원이 잠수 장비를 갖춘 채 기리푸쉬 섬 앞바다 해저 6미터에서 30분간 회의를 진행했습니다. 왜 바닷속에서 회의를 한 것일까요? 지구 온난화로 인한 해수면 상승으로 몰디브가 수몰 위기에 처하자 2009년 12월에 있을 코펜하겐 기후 변화 회의를 앞두고 전 세계에 경각심을 일깨우기 위해서였습니다. 이 회의를 통해 몰디브는 세계 각국에 온실가스 감축을 호소했습니다.

기후 변화로 수몰 위기에 처한 섬나라 국가들은 몰디브 외에도 많습니다. 가장 잘 알려진 국가는 투발루입니다. 투발루는 남태평양 적도 부근의 섬나라로 인구 만 명이 조금 넘는 세계에서 세 번

몰디브에서 열린 수중 각료 회의 모습. 이 회의에서 모하메드 나시드 몰디브 대통령은 기후 변화에 대한 세계적 조치를 요구하는 선언문에 서명했다. ⓒ몰디브 대통령실

째로 작은 국가입니다.

1990년대부터 투발루는 바닷물로 인한 홍수를 겪어 오고 있습니다. 1년 혹은 2년 주기로 몇 차례 발생하는 '킹 타이드'(매우 높은 파도) 때마다 사람들은 무릎까지 바닷물이 차오르는 것을 경험합니다. '남태평양 해수면 및 기후 모니터링 프로젝트'에 따르면 1994년부터 2012년까지 킹 타이드가 투발루에서 28번 발생했습니다. 낮고 평평한 지형 때문에 킹 타이드 동안 투발루의 절반 이상이 바닷물에 잠기게 됩니다. 바닷물이 차오르면 투발루에서 가장 높은 지역인 해발 4미터 공항 활주로에도 물웅덩이가 생기고, 여기에서 아이들은 판자로 물 썰매를 타면서 놀곤 합니다. 투발루의 아홉 개 섬 중 두 개는 1997년 이후 킹 타이드 때면 완전히 물에 잠기게 되었습니다. 사람이 살 수 없는 땅이 되어 버린 것이죠.

기후 변화가 심해지고 바닷물이 육지를 침범하면서 투발루에는 여러 문제가 생기기 시작했습니다. 해수가 육지를 침범하면서 담수가 오염되고 물 공급을 빗물에 의존하게 되었습니다. 가뭄이 심해지면서 물 부족 사태가 더욱 심각해졌습니다. 2011년 투발루는 6개월에 걸친 심각한 가뭄을 거치면서 국가 비상사태를 선포했습니다. 사람들은 집집마다 물탱크를 설치해 빗물을 받아 쓰고, 코코넛 나무에 작은 물병을 달아 수액을 받아 식수로 사용합니다. 투발루의 물 절약 캠페인은 1년 내내 계속됩니다.

섬 주민들은 대부분 어업과 농업으로 생계를 유지해 왔는데 최근 들어 어획량이 크게 줄었습니다. 투발루 인근의 산호초가 죽어 가면서 바다 생물의 서식지가 크게 줄어든 것입니다. 바닷물이 농장까지 침범해 투발루 사람들이 주식으로 먹는 플라카 재배지의 60%가 파괴되고, 나머지 40%도 염분에 노출됐습니다. 가뭄으로 토양이 산성화되고 곡물과 나무들이 시들었습니다. 자급자족을 하던 투발루 사람들은 외국에서 수입된 가공식품에 의존하면서, 당뇨나 심장 질환 같은 질병이 증가하고 있으며, 물가도 나날이 오르고 있습니다. 외부에서 먹을 것이 들어오지 않으면 한 달도 버티기 힘든 상황입니다.

1999년 유엔 기후 변화 협약은 보고서를 통해 투발루와 인근 남태평양 섬나라에 닥친 문제가 기후 변화의 결과라고 밝혔습니다. 사실 투발루 사람들은 이 문제에 대해 아무 잘못이 없습니다. 투발루는 나라 전체에 자동차가 100대가 넘지 않고, 번듯한 공장도 하나 없습니다. 투발루의 1인당 이산화탄소 배출량은 미국의 100분의 1에도 미치지 못합니다. 하지만 선진국과 개발 도상국들이 내뿜는 이산화탄소의 대가를 치르고 있습니다. 투발루 사람들은 이야기합니다. "여러분의 편안한 생활이 지구 반대편 사람들의 생활을 불편케 합니다. 여러분과 여러분의 국가가 행하는 일상의 기후 부정의를 중단해 주세요."

투발루 정부는 대안으로 해외 이주를 추진하고 있습니다. 2001년 투발루는 이웃 국가에 이민을 받아달라고 호소했지만 대부분 정치적인 이유로 이를 거부했습니다. 이민을 허락한 국가 역시 모두 받아주지는 않습니다. 뉴질랜드는 절차와 자격 조건이 까다로워 18세에서 45세 사이의 교육 수준이 높은 사람들만 1년에 75명 선에서 이민을 받습니다. 상황이 이렇다 보니 2015년 피지, 키리바시, 투발루 등 섬나라 정상들이 한데 모여, 선진국들의 경제적 지원과 해수면 상승으로 터전을 잃은 자국민들이 이민을 통해 일자리를 구할 수 있게 지원해 줄 것을 촉구하기도 했습니다. 이들은 특히 남태평양 국가들의 기후 변화로 인한 이주민 대책을 논의하는 협의체 구성에 반대하고 있는 호주에 대해 "이기적인 나라"라고 비판했습니다. 호주 이민 장관은 투발루가 물에 잠기면 시드니도 물에 잠길 텐데 왜 호주로 오려고 하냐며 투발루를 비난하기도 했어요. 참고로 호주는 미국과 함께 교토 의정서를 거부했던, 세계 3위 석탄 생산국입니다.

2007년 이후 투발루에는 유엔개발계획UNDP의 주도로 국가별 적응 프로그램이 진행되고 있습니다. 이 프로그램을 통해 투발루 사람들은 기후 변화 적응을 위해 노력하고 있습니다. 각 가정에 빗물 저금통을 설치하고, 집집마다 앞마당에 텃밭을 일구고 있습니다. 또 염분에 적응할 수 있는 플라카종을 도입하여 식량 자급도를 높이고 있습니다. 태풍 같은 자연재해에 대한 회복력을 높이기 위해 지역 커뮤니티를 강화하는 노력도 하고 있습니다. 최근에는 유엔개발계획의 녹색기후기금GCF 3600만 달러(한화 약 400억 원)를 확보하여 해수면 상승 대응을 위한 해안 방제 사업에 투자하고 있습니다. 투발루 국민들은 힘든 상황에서도 투발루를 지켜내기 위해 노력하고 있습니다.

하지만 투발루 사람들만의 노력으로는 한계가 분명합니다. 녹색 기후기금의 경우 2020년까지 1000억 달러 규모로 조성할 계획이었지만 실제 모인 자금은 122억 달러밖에 되지 않습니다. 기후 변화로 인한 약소국들의 피해는 강대국들에게 그다지 중요한 문제가 아닌 것으로 보입니다. 약소국들의 기후 변화 적응과 기후 난민을 충분히 지원하기 위해선 유엔을 넘어서는 강력한 구속력을 갖는 국제기구와 기후 기금의 조성이 필요합니다.

물에 잠기는 국제도시들

이탈리아에는 물의 도시 베네치아가 있습니다. 옛날부터 지중해 무역의 중심지였던 베네치아는 세계적으로 유명한 항구 도시로 1년 내내 관광객이 끊이지 않는 곳입니다. 또 이탈리아 문화와 건축 예술의 보고로도 알려져 있죠. 도시 전체가 박물관이라고 할 정도로 곳곳에 자리한 궁전과 미술관을 통해 이탈리아의 유서 깊은 문화를 접할 수 있습니다. 베네치아는 118개의 작은 섬들을 다리로 이어 만든 아름다운 수상 도시입니다.

베네치아

　그런데 이 베네치아가 바다에 잠기고 있습니다. 원래 겨울철에 수차례 물에 잠기던 도시이지만 문제는 횟수가 점점 잦아지고, 수위도 높아지고 있다는 것입니다. 현재 베네치아가 바닷물에 잠기는 날은 연중 200일에 달하지만 20세기 초까지 7일에 불과했다고 합니다. 2019년 11월에는 만조 수위가 187센티미터까지 치솟는 53년 만에 최악의 침수로 도시의 80% 이상이 물에 잠겼습니다. 브루냐로 시장은 이것을 '기후 변화의 결과'라고 이야기했습니다.

　도시 침수는 베네치아만의 문제가 아닙니다. 국제 기후 변화 비정부협의체NIPCC 보고서에 따르면 세계 해수면 증가 속도는 지속적으로 상승하고 있습니다. 현재와 같이 온실가스 배출이 지속될 경우 2100년에는 해수면이 0.8미터 이상 상승할 것으로 전망합니다. 하지만 이것은 최소 예측치입니다. 영국 리츠 대학의 최근 연구에 의하면 남극의 빙산이 녹을 경우 해수면이 2.4미터까지 상승할 것으로 예상합니다. 이 영향으로 과거에는 100년에 한 번 정도 나타나던 극단적인 해수면 상승으로 인한 재해가 2050년 이후에는 다수의 지역에서 거의 매년 발생할 것이라고 합니다.

현재 오사카, 상하이, 뉴욕, 자카르타. 부산 등 인구 300만 명 이상이 생활하는 도시들 중 3분의 2가 해안 저지대에 있고, 전 세계 인구의 약 10%(2010년 기준 6억 8000만 명)가 낮은 연안 지대에 거주하고 있습니다. 이 인구는 2050년에는 10억 명을 넘어설 것으로 전망됩니다. 국제 기후 변화 연구 단체인 클라이밋 센트럴Climate Central에 따르면 이 중 3억 명 이상이 2050년 이후에는 해수면 상승으로 침수 피해를 볼 것으로 예상합니다. 또 2100년에는 2억 명 이상이 거주하는 지역이 만조 시 영구적으로 바다에 잠기게 될 것이라고 예측합니다. 특히 중국, 방글라데시, 인도, 베트남, 인도네시아, 태국 등에서는 각각 수천만 명이 피해를 볼 것이라고 합니다. 스콧 컬프 연구원은 "기후 변화가 전 지구의 도시와 경제, 해안선을 바꿀 가능성을 보여 준다"며 "사람들이 집과 고향, 조국이라 부르는 공간이 해안선 상승과 함께 사라질 것"이라고 이야기했습니다. 한국의 경우도 부산, 인천의 일부가 침수되고 130만 명의 인구가 해마다 해안 침수 피해를 입을 것으로 나타났습니다.

해수면 상승 피해는 상상 이상입니다. 한국개발연구원에 따르면 2100년까지 해수면 상승으로 인한 우리나라의 피해액은 286조 원에 이를 것으로 추산되었습니다. 해변가에 많은 대도시가 있는 다른 국가들의 피해액은 훨씬 클 것입니다. 또 해수면 상승은 대규모 환경 난민을 발생시킬 가능성이 큽니다. 실제로 2015년 기후 변화로 발생한 난민 중 85%는 해수면 상승에 가장 큰 영향을 받고 있는 동남아시아에서 발생했습니다. 인도의 남부 지역에서는 홍수로 180만 명의 난민이 발생했습니다. 2009년 국제이주기구IOM에 따르면 2050년 세계 인구의 15%에 해당하는 최대 10억 명의 환경 난민이 발생할 것으로 예상합니다.

이러한 해수면 상승에 대해 국가는 어떤 일을 할 수 있을까요? 베네치아는 점점 심해지는 침수 사태를 막기 위해 2003년부터 모세 프로젝트를 진행 중입니다. 베네치아로 들어오는 바다 물길에 높이 28미터, 길이 20미터의 거대한 수문 78개를 설치해 바닷물을 막는 프로젝트인데 7조 원 이상의 비용이 투입되었습니다. 대부분 국가들은 이탈리아와 같이 수조 원 규모로 20년 가까운 시간이 들어가는 프로젝트를 진행하기는 쉽지 않을 것입니다. 특히 해수면 상승의 가장 큰 피해자일 것으로 예상되는 태평양 섬나라나 동남아시아 국가들의 경제 규모로는 재난에 대비하기가 쉽지 않습니다. 결국 기후 변화에 별 책임이 없는 국가의 막대한 인구가 거주지를 잃고 기후 난민이 될 수 있는 상황입니다. 하지만 이들에 대한 대책은 미비한 상황으로 보입니다. 기후 변화에 책임 있는 국가들의 환경 난민에 대한 국제적인 지원이 절실한 상황입니다.

전 세계 기후 난민의 현실

기후 변화로 인한 식량 위기와 해수면 상승은 기후 난민을 발생시킵니다. 하지만 최근까지도 이들은 난민으로 인정받지 못했습니다. 전 세계에서 처음으로 '기후 난민' 자격을 인정받기 위해 뉴질랜드와 법적 투쟁을 벌였던 이오아네 테이티오타는 기후 변화로 수몰 위기에 처한 태평양의 섬나라 키리바시 출신입니다. 결혼 후 2007년부터 6년간 뉴질랜드에서 살면서 세 명의 자녀를 낳고 기른 그는 2013년 취업 비자 문제로 뉴질랜드에서 추방될 위기에 처했습니다. 테이티오타는 1951년 제정된 유엔 난민 협약에 근거해 자신을 기후 변화에 따라 자신의 나라에서 도망친 '난민'으로 인정해 줄 것을 요구했습니다. 하지만 그의 요구는 받아들여지지 않았고, 2015년 결국 추방되었습니다. 테이티오타는 2016년 유엔에 자신을 난민으로 인정해 줄 것을 다시 요청했습니다.

유엔 난민 기구는 난민을 "인종, 종교, 국적, 특정 사회 집단의 구성원 신분 또는 정치적 의견을 이유로 박해를 받을 우려가 있다는 합리적인 근거가 있는 공포로 인하여, 자신의 국적국 밖에 있는 자로서, 국적국의 보호를 받을 수 없거나, 또는 그러한 공포로 인하여 국적국의 보호를 받는 것을 원하지 아니하는 자"로 정의하고 있습니다. 그래서 테이티오타와 같은 기후 난민들은 박해받고 있지 않다는 이유로 난민의 지위를 부여받지 못하고 있었습니다.

2020년 1월 20일 유엔은 결국 기후 변화로 고국을 떠난 이들을 난민으로 인정해야 한다는 입장을 밝혔습니다. 물론 이 입장으로 테이티오타가 뉴질랜드에서 난민 자격을 얻는 것은 아니지만 영국의 〈가디언〉 등 언론은 이 발표에 대해 "지구 온난화로 생명을 위협받는 이들을 보호하게끔 문을 열어 준 '티핑 포인트(급변점)'"라고 의미를 부여했습니다. 유엔 난민 기구에 의하면 1년에 서울 인구의 두 배 이상인 2500만 명이 가뭄, 홍수, 태풍 등의 기후 변화로 고향을 떠나고 있습니다.

난민들은 자국을 떠나는 과정부터 생명의 위협에 처합니다. 지중해를 건너 유럽으로 향하던 난민 보트가 침몰해 수백 명이 죽었다는 기사는 매년 몇 차례씩 보도됩니다. 유엔에 의하면 지중해를 건너는 난민 18명 중 1명은 사망한다고 합니다. 언론을 통해 알려진 터키 해변에서 숨진 채 발견된 세 살배기 시리아 난민 아기와 미국과 멕시코 국경 리오그란데 강에서 익사한 엘살바도르 이민자 아빠와 딸의 사진은 많은 이들의 마음을 아프게 했습니다. 아프리카의 난민들은 사하라사막을 건너다 목숨을 잃기도 하고, 지중해를 건너는 배에 타기도 전에 인신매매, 강제 노동, 폭행, 성적 학대 등의 범죄에 희생되기도 합니다. 2017년에는 아프리카 난민 남성들이 리비아에서 노예로 매매되는 영상이 CNN에 공개돼 국제 사회에 충격을 주었습니다.

가까스로 자국을 탈출하는 데 성공하더라도 타국에서 난민으로 생활하는 것은 너무나 힘듭니다. 유엔 난민 기구의 2015년 보도에 따르면 요르단에 거주하는 시리아 난민의 3분의 2는 절대빈곤선 이하의 생활을 하고 있다고 합니다. 많은 난민이 생활고를 견디지 못해 구걸, 성매매, 아동 노동 등 '최후의 수단'을 찾고 있다고 밝힙니다. 이탈리아의 난민 센터는 마피아가 장악해 10년간 난민에 대한 지원금 약 460억 원을 횡령하고, 난민들에게 성매매와 마약 밀매를 강요하기까지 했습니다. 한국에서도 난민들의 삶은 녹록지 않습니다. 2018년 기준 한국의 난민 인정자는 850명이 넘지만, 난민 인정자를 위한 예산은 단 1원도 책정되지 않았다고 합니다. 한 난민 인정자는 난민 인권 센터와의 인터뷰에서 "한국에서 난민 인정자의 삶은 돼지만도 못하다"라고 이야기했습니다.

서유럽에서 가장 많은 난민을 받아들이고 난민에게 인도적 지원을 하는 나라는 독일입니다. 독일은 시리아 내전 이후 150만 명이 넘는 난민을 수용했습니다. 2016년에는 난민 통합법을 만들어 난민들에게 생활비, 주거비, 의료 보험을 지원하고, 언어 교육과 직업

교육도 강화했습니다. 프랑스와 이탈리아 등 유럽의 여러 국가도 난민과의 공존을 화두로 삼고 정책을 마련해 가고 있습니다. 북미에서는 캐나다가 미국보다 더 많은 난민을 수용하며 관용적인 모습을 보여 주고 있습니다.

하지만 난민의 수가 많아지면서 이에 대한 반대도 높아지고 있습니다. 유럽에서는 난민 수용에 반대하는 극우 정당이 세력을 확대해 가고 있습니다. 과거 미국 트럼프 대통령의 대선 공약은 중남미에서 미국으로 넘어오는 난민을 막기 위해 미국과 멕시코 국경에 거대한 장벽을 쌓겠다는 것이었습니다. 실제 미국은 트럼프가 대통령이 된 이후 난민 수용에 더욱 엄격해졌습니다. 이런 극우 정치인들은 난민들을 테러리스트, 범죄자, 일자리를 빼앗는 사람들, 또는 무능력한 노숙자로 취급하며 혐오를 부추깁니다. 이에 대해 "무능한 정치인들이 침체된 경제 문제를 해결할 능력이 없기 때문에 선동하기 좋은 난민 문제를 부풀려 정치적 이득을 취한다"고 비판하는 시민들도 있습니다.

이렇게 유럽과 북미에서 난민 문제로 갈등이 벌어지고 있지만, 사실 난민의 85%는 잘사는 나라가 아닌 가난한 나라에, 그중 80%는 출신국 근처 나라로 피신합니다. 부유한 나라들이 몇만 명의 난민을 받아들이면서, 난민들로 인해 사회가 어지러워지고 일자리가 줄어드는 것같이 이야기하지만 터키는 약 350만 명, 레바논, 요르단은 각각 100만 명이 넘는 난민을 수용했습니다. 성하은 굿네이

버스 제네바 국제협력사무소 대표는 난민 가족에게 한 방을 내어주고 네 식구가 방 하나에서 생활하는 요르단 사람이나, 자신들도 어려우면서 주변국 난민들을 수십 만 명씩 받아들이고 있는 아프리카 국가들을 예로 들면서 "이들에게는 휴머니즘이 아직 살아 있다"고 이야기합니다. 난민 문제에 있어서도 부유한 이들이 외면하는 동안 가난하고 힘든 이들이 오히려 서로 돕는 상황이 벌어지고 있는 것입니다.

한국에도 2018년 500여 명의 예멘 난민이 제주도에 입국해 갈등이 벌어졌습니다. 많은 사람들이 난민들을 단순히 돈을 벌기 위해 한국에 온 가짜 난민이나 잠재적 범죄자 취급을 하며, 이들을 추방하라는 시위를 했습니다. 시위 현장에서 어떤 사람은 무슬림들이 여자를 성 노예로 생각하고 폭행을 일삼는다는 발언을 서슴지 않았습니다. 하지만 마문 이주노조 수석 부위원장은 "무슬림은 범죄자라는 논리는 맞지 않습니다. 어디에도 성희롱, 범죄를 저지르라고 하는 종교는 없습니다"라고 이야기했습니다. 그는 "만약에 내가 한국에서 태어났다면 기독교나 불교와 같은 종교를 믿게 될 수도 있었을 것입니다. … 아직 한국 사회는 무슬림 문화를 경험해 보지 못했기 때문에 이처럼 무슬림에 대한 혐오나 두려움이 있을 수 있다고 생각합니다. 하지만 지금은 알고자 하면 얼마든지 잘 알 수 있는 세상입니다. 알고 싶은 마음이 필요합니다. … 난민이든 이주 노동자든 그 누구라도 고국을 떠나서 다른 나라에서 살고자 하는 마음을 먹는 것은 보통 일이 아니라고 생각합니다"라고 말했습니다.

　탄소 배출 세계 7위인 한국은 기후 난민 문제에서 결코 자유롭지 못합니다. 난민에 대한 막연한 혐오에서 벗어나 난민과 공존을 위한 구체적인 고민을 해 나가야 할 필요가 있습니다.

3

기후 위기,
누구의 책임일까요?

기후 변화로 피해가 급증하고 있는 상황에서 그 책임은 누구에게 있을까요? 전 인류의 공동 책임일까요? 따져 보면 그렇지 않습니다. 전 세계에서 온실가스를 가장 많이 배출하는 국가는 중국과 미국입니다. 2017년 기준 전 세계 온실가스의 27%를 중국이 배출합니다. 두 번째는 미국으로 15%를 배출합니다. 두 국가의 온실가스 배출량이 40%가 넘습니다. 여기에 유럽연합, 인도, 러시아, 일본, 한국 등 온실가스 배출 상위 10개 국가를 더하면 이들이 배출하는 온실가스의 양은 전체의 70%에 이릅니다.

누가 탄소를 가장 많이 배출했나?

온실가스는 한번 대기 중으로 배출되면 100년 이상 머무릅니다. 따라서 현재, 또 앞으로의 기후 변화에 대해 책임을 이야기하려면 지금까지 누가 얼마나 온실가스를 배출해 왔는지 살펴볼 필요가 있습니다. 1751년 이후 전체 온실가스 배출량의 25%를 미국이, 28%를 러시아를 포함한 유럽연합 국가들이 차지합니다. 지금까지 전 인류가 배출한 온실가스의 절반 이상에 해당하는 양이에요.

좀 더 정확한 정보는 1인당 온실가스 배출량을 보면 알 수 있습니다. 일부 중동 산유국 국가들을 제외하고 온실가스를 가장 많이 배출하고 있는 호주, 미국, 캐나다와 같은 국가의 연간 1인당 온실가스 배출량은 16톤 정도입니다. 반면 아프리카 국가들의 연간 1인당 온실가스 배출량은 평균 0.1톤으로 160배 차이입니다. 호주, 미국, 캐나다 사람들은 2~3일 만에 아프리카 사람들의 1년치 탄소를 배출하는 셈입니다.

이렇게 보면 지금까지 기후 변화는 북미와 유럽 그리고 동아시아의 일본, 한국, 중국 등 산업화된 국가들에 책임이 있다고 말할 수 있습니다. 하지만 앞에서 살펴보았듯이 기후 변화로 인한 피해는 아프리카와 동남아시아, 태평양의 섬나라들이 가장 크게 입고 있습니다.

한국은 기후 변화 주요 책임국 중 하나입니다. 조사 기관별로 차이는 있지만 한국의 온실가스 배출량은 세계 7~8위 수준으로 전세계 배출량의 1.7%를 차지합니다. 1인당 배출량은 연간 13.59톤으로 산유국 등을 제외하면 호주, 미국, 캐나다에 이은 세계 4위입니다. 이것은 아프리카 국가들의 1인당 배출량의 130배가 넘는 엄청난 양입니다. 2016년 세계자연기금WWF에 의하면 전 세계 사람들이 한국인처럼 살려면 3.3개의 지구가 필요하다고 합니다.

2019년 유엔 기후행동 정상회담을 앞두고는 국내 교수 131명이 기후 변화 대처를 위한 행동을 촉구하는 성명서를 발표했습니다. 교수들은 "한국의 이산화탄소 배출 증가량은 경제협력개발기구 OECD 중 1위"라며 "유럽과 호주에서는 지방 정부까지 나서서 기후 비상사태를 선언하는데 한국은 너무 안일하다"고 지적했습니다. 한국도 자신이 기후 변화에 얼마나 큰 악영향을 끼치고 있는지 인식하고 온실가스 배출량을 줄이기 위한 구체적이고 강력한 대책을 세워야 합니다. 더불어 기후 변화로 피해를 보는 국가들에 대한 적극적인 지원에 나설 필요가 있습니다.

기업의 책임일까, 개인의 책임일까?

기후 변화를 막기 위해서는 함께 노력해야 합니다. 에너지를 덜 사용하고, 소비를 줄이고, 대중교통을 이용하고, 육식을 줄이고, 일회용품 사용을 줄이는 등의 활동이 필요합니다. 그런데 개인의 이러한 활동이 실제로 기후 변화에 영향을 미칠까요?

2017년 〈가디언〉에 따르면 세계적으로 100개의 기업이 전 세계 온실가스의 70% 이상을 배출합니다. 전체의 14%가 넘는 양을 배출하는 중국 석탄 에너지 기업이 1위이고 엑손모빌, 쉘, 브리티시 페트롤륨, 셰브론 같은 다국적 에너지 기업이 그 뒤를 잇습니다. 〈가디언〉은 "비교적 적은 수의 화석 연료 생산자들과 그들의 투자자들이 기후 변화에 대처하는 열쇠를 쥐고 있을 수 있다"고 보도했습니다. 한국은 한국기업지배구조원KCGS의 2019년 보고에 따르면 상위 10%에 해당하는 업체(100곳)가 전체 온실가스의 87%를 배출한다고 합니다. 심지어 상위 1%인 10개 기업이 배출하는 온실가스가 전체 배출의 50%가 넘고, 1위인 포스코가 배출하는 온실가스만 11%가 넘습니다. 그 뒤를 한국남동발전, 한국중부발전 등 발전 회사들이 차지합니다. 이렇게 대부분 온실가스는 산업 부문에서 배출됩니다. 2017년 전체 에너지 부문에서 배출된 온실가스 중 가정에서 배출된 양은 약 5.4%밖에 되지 않습니다.

물론 기업에서 생산된 제품과 에너지를 우리 모두가 사용하고 있기 때문에 온실가스 배출이 순전히 기업의 책임이라고 할 수는 없을 것입니다. 하지만 기업이 탄소를 많이 배출하는 생산 방식을 고집한다면 개인이 아무리 노력해도 온실가스 배출량을 줄이기는 어렵습니다.

온실가스 배출량을 줄이는 것은 일회용 컵 사용이나, 비닐봉지 사용을 줄이는 일과 비슷합니다. 개인에게 텀블러나 장바구니를 갖고 다니자고 캠페인을 하는 것도 중요하지만, 정부가 카페와 마트에 일회용 컵과 비닐봉지 사용을 규제했을 때 더 큰 효과를 볼 수 있었습니다. 개인이 에너지를 덜 사용하고 싶어도, 대부분 집과 건물이 에너지를 많이 소비하는 구조라면 한계가 있습니다. 국회에서 집과 건물을 지을 때 충분히 단열을 하는 등 에너지를 덜 소비하는 건축을 하도록 법을 만든다면, 개인이 노력하는 것보다 훨씬 큰 효과를 가져올 것입니다. 따라서 온실가스 배출량을 줄이려면 기업들이 하루라도 빨리 재생 에너지를 사용하도록 해야 합니다.

그래서 RE100Renewable Energy 100과 같은 캠페인이 생겨나기도 했습니다. RE100은 기업에서 사용하는 전력을 100% 재생 에너지로 조달하자는 캠페인입니다. 여기에 참가한 애플은 2018년 기업 활동에 필요한 전력을 100% 재생 에너지로만 조달하는 데 성공했다고 발표했습니다. 또 구글, 나이키, 아마존, 스타벅스 등 2021년 5월 현재 309개의 기업이 이 캠페인에 참여하고 있습니다.

기업에 대한 국제적인 압력도 커지고 있습니다. 유럽연합은 2023년부터 탄소 국경세를 도입할 것이라고 밝혔습니다. 탄소 국경세란 온실가스 배출 규제가 느슨한 국가에서 생산한 상품을 관련 규제가 엄격한 유럽연합으로 수출할 때 해당 격차에 따른 가격 차이를 보전하기 위해 부과하는 세금입니다. 즉 온실가스를 많이 배출하는 기업에서 생산한 제품에는 그만큼 많은 관세가 부과된다는 것입니다. 이런 흐름은 금융 부문에서도 진행되고 있습니다. 미국의 거대 투자 은행인 골드만삭스는 기후 변화와 환경 파괴 우려가 큰 사업에 대해 금융 제공을 하지 않겠다는 방침을 밝혔습니다. 북극 유전 개발이나 트럼프 대통령이 추진한 알래스카 국립 야생 보호 구역 개발 사업, 발전용 석탄 채굴과 석탄 화력 발전소 건설 사업 등에는 투자하지 않겠다는 것입니다. 파리 기후 협정 이후 현재까지 약 30개 은행이 석탄 광산 개발과 석탄 화력 발전에 대한 신규 투자를 중단한 상태입니다.

'이런 상황이니 기업들도 온실가스 배출량을 줄이기 위해 스스로 노력하지 않을까?' 하고 생각할 수 있습니다. 하지만 다국적 에너지 기업들은 아직도 기후 변화가 인간의 책임이 아니라는 잘못된 정보를 퍼뜨리거나 뇌물이나 로비를 통해 환경 규제를 피하려고 합니다. 화석 연료를 통해 얻는 이익이 너무 크기 때문이죠. 그래서 시민들의 적극적인 감시와 국제적인 규제가 필요합니다.

그런데 한국 기업들은 온실가스 배출 절감에 매우 소극적입니다. RE100 캠페인에 참여하는 활동 등을 통해 온실가스 배출 절감에 더 많은 관심을 가져야 합니다. 유럽연합의 탄소 국경세도 앞으로 문제가 될 수 있을 것으로 보입니다. 심지어 우리 정부는 세계에서 두 번째로 많은 돈을 석탄 화력 발전에 투자하고 있습니다. 환경 단체인 그린피스는 2019년 한·아세안 특별 정상 회의장 맞은편에 "한국 해외 석탄 발전 투자 그만"이라고 적힌 현수막을 설치하고 시위를 했습니다. 실제로 한국 투자로 설립된 동남아시아 석탄 발전소 인근 주민들은 오염 물질로 고통받고 있습니다. 인도네시아 환경 단체 활동가들은 국정 감사에 참고인 자격으로 출석해 "한국은 자국민이 낸 세금을 인도네시아 국민의 생명을 위협하고 환경을 파괴하는 데 쓰고 있다"며 한국 정부가 해외 석탄 투자를 서둘러 중단하기를 촉구했습니다. 한국 기업들이 온실가스 배출을 줄여 나가도록 우리 시민들의 적극적인 요청이 필요한 시점입니다.

석탄 화력 발전소가 위험하다

기후 변화 속도를 늦추려면 석탄 화력 발전소 폐쇄가 시급합니다. 왜일까요?

온실가스는 에너지 생산 과정에서 가장 많이 발생합니다. 에너지는 전기와 열 생산, 교통, 건물 유지, 산업 생산 등 생활과 산업의 거의 모든 영역에 사용됩니다. 2016년 총 온실가스 배출량의 73%가 에너지 생산 과정에서 발생했습니다.

이 에너지를 생산하는 데 가장 많이 사용되는 연료가 석탄입니다. 석탄은 가장 많은 이산화탄소를 배출하는 에너지원입니다. 석유보다 석탄이 더 많은 이산화탄소를 발생시킵니다. 석탄 화력 발전소의 폐해는 온실가스 배출뿐이 아닙니다.

한국도 매년 미세 먼지와 초미세 먼지로 고통을 받는데요, 우리는 중국에서 온다고 알고 있지만 사실 미세 먼지의 52%는 국내에서 발생합니다. 그중 초미세 먼지의 주요 배출원 중 하나가 바로 석탄 화력 발전소입니다. 초미세 먼지 전체 배출량의 3.4% 정도를 차지해요. 언뜻 보면 적은 수치이지만 발전소에서 나오는 질산화물NOx, 이산화황SO2과 같은 오염 물질이 공기 중에서 화학 반응을 일으켜 생성하는 2차 초미세 먼지를 더하면 유해성은 매우 커집니다. 그린피스에 의하면 국내의 석탄 화력 발전소는 암, 뇌졸중, 심장 질환, 호흡기 질환에 영향을 끼쳐 매년 1600명을 조기 사망에 이르게 합니다.(2014년 기준)

문제가 이렇게 심각함에도 한국은 석탄 화력 발전소를 증설할 계획입니다. 노후 석탄 화력 발전소 10기를 폐쇄하기로 했지만, 7기를 추가로 건설하고 있어 석탄 화력 발전소는 2030년까지 꾸준히 늘어날 계획입니다. 정부는 폐쇄를 결정한 10기 이외의 나머지 노후 발전기의 폐쇄는 고려하지 않고 있으며, 오히려 30기 이상 석탄 화력 발전소의 성능을 개선해 그 수명을 연장하겠다고 밝힌 바 있습니다.

석탄 화력 발전소 증설과 상관없이 에너지 전환을 하면 되지 않을까 하고 생각을 할 수 있습니다. 하지만 그것은 매우 어렵습니다. 바로 '탄소 자물쇠' 효과 때문인데요, '탄소 자물쇠'란 어떤 시설을

영흥도 석탄 화력 발전소 전경. ⓒ옹진군청

일단 설치하면 수명이 다할 때까지는 그 탄소 배출량에 묶일 수밖에 없는 현상을 가리키는 말입니다. 예를 들어, 석탄 화력 발전소는 한번 설치되면 약 40~50년 동안 탄소를 배출하고, 이를 대체하기 위해선 상당한 수준의 투자가 필요하므로 수명이 다하기 전에는 그 자물쇠에서 벗어나기 힘듭니다. 그래서 애초에 석탄 화력 발전소를 짓지 않는 것이 중요합니다.

온실가스 배출이나 미세 먼지를 생각하면 석탄 화력 발전소를 폐쇄해야 하지만, 그러면 전기 요금이 오르지 않을까 걱정하기도 합니다. 실제로 2005년 이후 산업용 전기 요금은 꾸준히 인상되어 2019년 주택용 전기 요금보다 비싸지면서 업계의 불만이 제기되었습니다. 하지만 한국의 전기 요금은 여전히 매우 저렴합니다. 국제에너지기구Interntional Energy Agency, IEA 에 의하면 한국의 전기 요금은 2018년 기준 OECD 주요 28개국 중 두 번째로 저렴하며, OECD 평균 가격의 절반 수준인 것으로 조사되었습니다. 실제로 한전은 가정용 전기와 산업용 전기가 각각 생산 원가의 70%, 90% 수준으로 공급되고 있다고 이야기합니다. 그러다 보니 한국의 1인당 전기 사용량도 매우 높은 편인데, 2017년 기준으로 보면 일본, 프랑스, 독일보다도 높습니다. 한국보다 1인당 전기 소비가 많은 나라는 미국, 캐나다와 북유럽 국가들 정도입니다.

이런 상황들을 종합해 볼 때 한국은 노후 석탄 화력 발전소를 단계적으로 폐쇄하고, 신규 석탄 화력 발전소 건설 계획을 철회해야 합니다. 전기 요금은 원가와 온실가스 배출로 인한 피해를 반영하는 수준으로 인상되어, 생활과 산업 전반이 전기 소비를 줄이는 방향으로 재편될 필요가 있습니다. 석탄 화력 발전소나 핵발전소를 폐쇄하면서 부족해지는 전력분은 재생 에너지로 대체되어야 합니다. 앞으로 탄소 배출 산업에 대한 국제적인 규제가 더 강력해질 가능성을 고려한다면 이러한 전환은 신속이 이루어져야 할 것입니다.

가난한 사람들의 피해가 큰 이유

앞에서 우리는 미국, 유럽 등 선진국들이 기후 변화에 가장 큰 책임이 있다는 것과 세계적으로 100개의 대기업이 전체 이산화탄소의 70%를 배출하고 있다는 것을 알아보았습니다. 그렇다면 기후 변화의 피해를 가장 많이 보고 있는 국가들은 어디일까요? 기후 위기 지수Climite Risk Index, CRI를 발표하고 있는 독일 민간 연구소 저먼워치에 따르면 1999년부터 2018년까지 20년간 기후 변화에 가장 큰 피해를 입은 국가는 다음과 같습니다.

기후 위기 순위 1999~2018	국가	기후 위기 지수 점수
1	푸에르토리코	6.67
2	미얀마	10.33
3	아이티	13.83
4	필리핀	17.67
5	파키스탄	28.83
6	베트남	29.83
7	방글라데시	30.00
8	태국	31.00
9	네팔	31.50
10	도미니카	32.33

* 기후 위기 지수 점수가 낮을수록 기후 위기가 심각하다.

이 결과에 대해 저먼워치는 다음과 같이 분석합니다.

"특히 상대적인 면에서 가난한 개발 도상국가들이 (기후 변화로 인해) 훨씬 더 심각한 타격을 받는다. 이 결과는 절대적인 면에서는 부유한 국가들의 (기후 변화로 인한) 금전적 손실이 (가난한 개발 도상국에 비해) 더 클지라도, 가난한 국가들이 기후 위기에 특별한 취약성을 갖고 있다는 것을 강조한다. 삶의 상실, 개인적 어려움과 실존적 위협도 저소득 국가에 훨씬 널리 퍼져 있다."

보고서는 기후 변화의 가장 큰 피해자가 가난한 국가들이라고 말합니다. 왜 가난한 국가들이 더 큰 피해를 입을까요? 우선 지정학적 위치 때문입니다. 기후 변화의 가장 큰 영향을 받는 국가들은 대부분 아시아 태평양 지역의 해안과 아프리카에 있습니다. 아시아 태평양 국가들은 해수면 상승과 태풍에 의한 피해를 직접적으로 받습니다. 예를 들어 필리핀은 지난 20년간 무려 317회의 대규모 자연재해를 당했습니다. 2013년에는 인류 역사상 최대의 풍속을 기록한 태풍 하이옌의 타격을 받았습니다. 슈퍼 태풍 하이옌은 필리핀 항구 도시 타클로반을 순식간에 초토화하고 6000여 명의 사망자를 발생시켰습니다. 당시 생존자 중 한 명으로 지금은 기후 변화에 맞서 열성적인 활동가가 된 마리넬 우발도는 "슈퍼 태풍 당시 죽은 6000여 명 이외에도 다수 주민들이 실종되었다. 집도 다 파괴되고, 3일간 외부와 격리됐다. 먹을 것이 없어서 물에 떠다니는 것을 보는 대로 건져 먹었다"고 회상합니다.

반면 아프리카는 가뭄으로 고통받고 있습니다. 2008년 기사에 따르면 탄자니아와 케냐, 소말리아 등 아프리카 국가들의 연간 평균 강수량은 30년 동안 25%가 감소했습니다. 물 부족으로 8억 명이 넘는 아프리카 인구의 절반은 세균 등에 오염된 식수를 마시고 있습니다. 남부 아프리카의 경우 2014년과 2015년 심각한 가뭄으로 2016년 약 4000만 명이 식량 부족에 시달렸고, 2017년에는 동부 아프리카에서 1300만 명 이상이 기아 직전의 상태에 놓였습니다. 국제 구호 단체인 옥스팜oxfam에 의하면 동부 아프리카는 지난 10년 가운데 7년 동안 가뭄에 시달렸습니다. 특히 목축업과 소규모 농업으로 생계를 이어 가는 이들에게 가뭄은 치명적입니다. 60세의 목축업자인 이바도는 다음과 같이 이야기합니다. "제 평생에 이런 것(가뭄)은 본 적이 없습니다. 우리는 예전에 양과 염소를 700마리 가지고 있었는데, 이제는 고작 일곱 마리 남았습니다."

가난한 국가들이 기후 변화에 더 큰 피해를 입는 또 다른 이유는 말 그대로 그 국가들이 가난하기 때문입니다. 저먼워치는 다음과 같이 분석합니다.

"기후 변화와 관련된 손실과 피해는 (전 세계의) 생활, 식량 안보, 안전과 지속 가능한 경제적 발전을 위협한다. 그럼에도 기후 변화는 가장 가난한 국가들에게 가장 강력하게 다가온다. 왜냐하면 그들은 손실과 피해를 다룰 수 있는 경제적·금융적 여력이 부족하기 때문이다. (기후 변화에)

가장 영향받는 국가들은 기후 위기에 가장 책임이 적은 국가들이다."

기후 변화 대응에는 많은 비용이 듭니다. 예를 들어 태풍에 대응하기 위해선 조기 경보 시스템의 구축과 견고한 제방과 도로, 주택 건설 등이 필요합니다. 가뭄에도 안정적인 삶을 유지하기 위해선 수도를 통한 물 공급이 필요합니다. 그러나 가난한 국가들은 이런 설비를 갖출 수 있는 경제력이 부족할 뿐 아니라 피해를 복구할 자금도 부족합니다.

선진국들은 기후 변화를 발생시킨 산업화를 통해 풍요로운 생활을 하지만, 가난한 나라들은 더욱 심한 기후재해에 직면하고, 감당하기 힘든 비용을 지출해야 하는 모순적 상황은 점점 더 심각해지고 있습니다. 전 세계 등교 거부 운동을 주도한 스웨덴의 환경 운동가 그레타 툰베리는 다보스 포럼에서 다음과 같이 연설했습니다.

"몇몇 사람들은 우리 모두가 기후 위기를 만들었다고 말합니다. 그러나 그것은 또 다른 편리한 거짓말에 불과합니다. 모든 사람에게 죄가 있다면 아무도 책임을 지지 않기 때문입니다. 누군가에게는 책임이 있습니다.

하지만 선진국들이 기후 변화에 책임을 지고, 기후 변화 취약국을 지원하려는 움직임은 더디기만 합니다. 2019년 스페인 마드리드에서 열린 제25회 유엔 기후 변화 당사국 총회는 결국 온실가스 감축 목표와 기후 변화 취약국의 피해와 손실에 대한 지원 방식 등 시급하고 중요한 사항들에 대해 합의하지 못하고 마무리되었습니다. 기후 변화 피해국들의 손실에 법적인 성격을 부여하는 방안에 대해 미국과 유럽 등 선진국들은 한사코 반대했습니다. 총회에 참가했던 우간다의 기후 활동가 나카부예는 눈물을 흘리면서 "기후 위기를 일으킨 사람들은 듣지 않습니다. 시간 낭비인 것 같습니다"고 말했습니다. 안토니오 구테헤스 유엔 사무총장도 성명서를 통해 총회 결과에 실망했고, 기후 위기를 막을 재정 목표를 올릴 중요한 기회를 잃었다고 꼬집었습니다.

기후 변화 취약국을 지원하기 위해선 '차별적 책임과 공동의 노력'이 필요합니다. 기후 변화에 책임이 있는 선진국과 탄소 배출량이 많은 국가들이 자신의 책임을 인정하고 기후 취약 국가와 지역, 계층에게 정당한 재정적 배상, 혹은 보상을 집행할 수 있도록 해야 합니다.

고통받는 사회적 약자

기후 변화에 특별히 취약한 계층도 있습니다. 기후 변화 피해가 점점 심각해지자 2015년 환경부에서는 지원 방안을 마련하기 위해 '기후 변화 취약 계층'을 정의했습니다. 어떤 이들이 기후 변화에 취약한 사람들일까요?

우선 노인, 아동, 만성 질환자 등인데요, 특히 65세 이상 노인이나 독거노인, 고아, 영유아, 임산부, 천식 환자, 심혈관계 질환자 등이 위험하다고 합니다. 건강 상태가 나쁜 사람은 일반인에 비해 폭염에 대한 민감도가 높고, 면역력이 낮으며, 기상 재해로 인한 사고나 오염 등에 대한 적응력이 낮습니다.

다음은 장애인입니다. 장애인들은 이동이 불편하기 때문에 태풍, 홍수 등 기후 관련 재난이 일어났을 때 대피하기 어렵습니다. 또 폭염에 이상 증세를 느끼더라도 병원이나 쉼터를 찾기가 쉽지 않습니다. 실제로 장애인이 태풍 및 집중 호우로 붕괴한 건물에서 대피하지 못하고 깔려 사망한 사례들이 다수 있습니다.

세 번째는 저소득층과 노숙인들입니다. 빈곤은 기후 변화 적응의 장애 요인입니다. 저소득층은 냉난방기를 사용하거나 이에 따른 전기 요금, 연료비를 부담할 여력이 부족하고, 빈민가 등 기후 변화에 취약한 지역에 거주할 가능성이 크기 때문입니다. 노숙인들 또한 사회적으로 고립되어 있고 적절한 의식주와 의료 보험 혜택을 제공받지 못하고 있으며, 심혈관계 질환이나, 폐질환, 정신 질환 등을 앓고 있는 비율이 높아 폭염 발생 시 사망 위험률이 높습니다. 또 노숙인들은 대부분 도시 지역에 거주하기 때문에 도시 열섬 효과에 따른 건강 피해에 노출되기 쉽습니다.

네 번째는 농업과 어업, 임업, 축산업 종사자와 건설 일용 노동자와 같은 야외 노동자입니다. 야외에서 주로 노동을 하는 이들은 폭염에 취약할 수밖에 없습니다. 폭염으로 인한 야외 노동자의 실신 및 사망 사례는 매년 여름 보고되고 있습니다. 그뿐만 아니라 기후 변화는 작물, 가축, 양식장에 영향을 주면서 농민과 어민, 축산업 종사자들에게 심각한 경제적 피해를 주고 있습니다.

이외에도 노후 주택, 반지하 주택, 상습 침수 지구나 붕괴 위험 지구 등 재해 위험 지구 거주자들이 있습니다. 거주 지역은 기후 변화에 대한 취약성을 결정하는 가장 중요한 요인 중 하나입니다. 위험 지역에 거주하는 이들은 재난 상황에 가장 큰 피해를 입을 수 있습니다. 또 심각해진 가뭄으로 상수도 미보급 지역 거주자들의 급수난도 증가하고 있습니다.

이렇게 기후 변화로 직접적인 고통을 받고 있는 이들은 바로 사회적 약자들입니다. 이들은 기후 변화를 유발할 만한 생활을 하고 있지 않습니다. 예를 들어 전기 요금을 내기 힘들어 여름에도 에어컨을 켜지 못하는 독거노인들은 폭염의 직접적인 피해자가 됩니다. 겨울에도 난방비 때문에 제대로 된 난방을 하지 못하는 이들은 혹한의 날씨에 큰 영향을 받습니다. 이러한 에너지 빈곤층은 가장 낮은 탄소를 배출하지만 기후 변화의 가장 큰 피해를 입는 사람들입니다. OECD에 의하면 한국의 소득 상위 10%는 하위 40%에 비해 약 다섯 배의 탄소를 배출하고 있습니다.

국제 구호 단체 옥스팜에 따르면 전 세계의 빈곤한 50%는 10% 밖에 탄소를 배출하지 않지만 기후 변화로 인한 자연재해 피해의 대부분은 이들에게 집중되고 있습니다. 2012년 허리케인 샌디가 뉴욕을 덮쳤을 때 뉴욕 저소득층은 의료 서비스 및 전력 공급 없이 며칠간 방치됐지만, 뉴욕 맨해튼 한복판에 있는 미 최대 투자 은행 골드만삭스 본사는 피해를 거의 입지 않았습니다. 건물 안에 침수를 막기 위한 수천 개의 모래주머니와 자가발전기가 있었기 때문입니다. 2019년 인도 뭄바이에서는 폭우로 슬럼가 흙벽이 무너지면서 21명이 사망했습니다. 〈뉴욕타임스〉는 2000만 명의 뭄바이 인구 중 50% 가까이 거주하는 슬럼가 사람들은 폭우 때마다 생명에 위협을 받는다고 분석합니다. 세계은행은 52개국에 걸친 조사를 통해 각국의 하위 20% 빈곤층은 가뭄, 홍수, 폭염의 피해에 더 많이 노출된다는 것을 밝혀냈습니다.

한국은 2015년에야 기후 변화 취약 계층을 정의하고 지원을 시작했습니다. 하지만 체계적인 지원은 아직 이루어지지 않고 있는 것으로 보입니다. 예를 들어 2018년 환경부에서 보고한 주요 폭염 대책을 보면 물놀이장, 도심 야영장, 그늘막, 폭염 페스티벌 등 기후 변화 취약 계층을 보호하는 것과는 관련이 없는 것이 대부분이었습니다. 그나마 취약 계층에게 필요한 무더위 쉼터는 접근성이 떨어지는 곳이 많고 저녁이면 폐쇄되는 등 이용자의 상황을 고려하지 않는 형태로 운영되고 있다는 평가가 있었습니다. 심지어 국내 에너지 빈곤층에 대해서는 아직 파악조차 제대로 하지 못하고 있다는 지적도 있습니다.

"기후 변화는 '가진 자'들이 배출한 온실가스가 '가지지 못한 자'를 가장 세게 내려치는 위기이다"라고 옥스팜은 보고서에서 이야기합니다. 또 부유한 시민들이 생활 방식을 바꿈으로써 그들의 탄소 배출량을 줄일 수는 있겠지만 이 정도의 자발적인 활동으로 기후 위기를 해결하지는 못한다고 덧붙입니다. 개인의 노력도 중요하지만, 각국 정부가 국내적, 국제적 차원에서 기후 변화 취약 계층을 지원하는 정책을 펴도록 요구하는 것이 더욱 중요합니다.

2부
지구를 위한 변화

4

기후 변화에 적응하는 법을 알려 주세요

기후 변화 대응에는 완화와 적응이라는 두 가지 방향이 있습니다. 기후 변화 완화는 더 이상의 기온 상승을 막기 위해 온실가스 배출량을 줄이고, 흡수량을 늘리는 방안을 말합니다. 에너지 절약과 재생 에너지로의 에너지 전환, 녹지의 보전과 확대 등이 이에 해당합니다. 기후 변화 적응이란 기후 상태가 변화하는 것에 적응하기 위해 생태계 또는 사회 경제 시스템이 취하는 모든 행동을 의미합니다. 현재 일어나고 있거나, 일어날 것으로 예상하는 기후 변화의 파급 효과와 영향에 대해 자연·인위적 시스템의 조절을 통해 피해를 완화하는 활동이라고 할 수 있습니다.

기후 변화에 적응하기

왜 기후 변화에 대한 적응 대책이 필요할까요? 우선 기후 변화의 속도가 너무 빠르기 때문입니다. 산업 사회 이전에도 기후는 변해 왔습니다. 하지만 그 속도는 2500년에 1도 정도의 변화였습니다. 산업 사회에 들어선 1800년대 후반 이후 약 100년간 지구 평균 기온은 거의 1도 상승했습니다. 자연적인 기후 변화 속도보다 25배 이상 빠른 속도인데, 이 정도의 기온 상승 속도에는 사실상 자연스러운 적응이 불가능합니다.

두 번째는 지금부터 온실가스 배출을 전혀 하지 않아도 이미 배출해 놓은 온실가스가 대기 중에 약 50~200년간 머물면서 지구 기온을 계속 상승시킬 것이 예상되기 때문입니다. 기후 변화에 관한 정부 간 협의체는 적극적인 온실가스 저감 정책으로 2050년까지 산업 사회 이전과 대비해 기온 상승 2도 억제에 성공해도 세계 인구 20억 명이 물 부족으로 고통당하고, 생물 종의 20~30%가 멸종할 것으로 예측합니다. 그나마 적극적인 저감 정책을 통해 2도 억제에 성공할 확률도 50% 정도라고 합니다. 결국 우리가 지금부터 아무리 노력해도 어느 정도의 기후 변화와 그로 인한 피해는 피할 수 없다는 것을 직시하고, 그 피해를 완화하기 위한 노력을 해야 합니다.

그러면 기후 변화에 적응한다는 것은 어떤 모습일까요? 더운 여름 에어컨을 틀어 놓고 시원하게 생활하거나, 한겨울에도 보일러를 켜고 따뜻하게 생활하는 것도 일종의 적응이라고 볼 수 있지만 이것은 일부일 뿐입니다. 우리나라에서 지난 2016년부터 5년간 시행한 제2차 국가 기후 변화 적응 대책을 살펴보면 총 9개 부문(건강, 농수산, 물 관리, 재난·재해, 산림·생태계, 국토·연안, 산업, 인프라·국제 협력, 기후 변화 감시·예측)에 대해 무려 67개 이행 과제를 제시했습니다. 만약 적응 대책을 실시하지 않는다면 기후 변화로 향후 800조 원이 넘는 경제적 손실이 일어날 것으로 예측할 정도로, 기후 변화의 영향은 우리 사회 곳곳에 미치지 않는 곳이 없습니다.

기후 변화 적응을 위한 활동에는 몇 가지 생각해 보아야 할 점이 있습니다. 앞에서 에어컨 사용의 예를 들었는데요. 첫 번째는 에너지를 과도하게 사용하면 이것이 다시 기후 변화를 심화시킨다는 겁니다. 적응 행동이 오히려 기후 변화를 촉진할 위험이 있는 것입니다. 그래서 기후 변화 연구자들은 "성공적인 적응은 사회적, 경제적, 환경적 지속 가능성을 손상시키지 않아야 한다"고 말합니다. 즉 '지속 가능한 적응'이 필요하다는 것입니다.

두 번째 문제는 냉난방기를 자유롭게 사용하거나 자연재해에 철저히 대비할 수 있는 계층은 소수에 불과하다는 사실입니다. 앞에서 살펴보았듯이 기후 변화에 취약한 국가와 계층은 적응하기 위한 비용과 선택지가 매우 부족합니다. 그래서 기후 변화 적응 대책은 계층에 따라 달라질 수밖에 없습니다. 일부 계층은 기후 변화에

'최적 적응'하고 일부 계층은 전혀 적응하지 못하는 것이 아니라, 모든 계층이 '대체로 적응'할 수 있는 방향으로 적응 대책이 만들어져야 합니다.

세 번째로 우리가 생각해 보아야 할 부분은 현재 제시되는 기후 변화 적응 정책이 대부분 단기적, 기술적이라는 것입니다. 이는 화석 연료 기반의 과학 기술, 경제 성장 중심의 개발 정책, 사회적 불평등과 같은 기후 변화의 근본적 원인을 지속시키거나 오히려 심화시키는 '부적절한 적응'을 초래할 수 있습니다.

'라이프라인' 구축하기

2021년 현재 코로나19 바이러스가 전 세계를 휩쓸고 있습니다. 한국도 예외는 아니어서 마스크 착용과 손 씻기 등 철저한 위생 관리가 요구되고 있습니다. 그런데 이것은 누구에게나 가능한 일이 아닙니다. 아프리카와 동남아시아의 가난한 국가들에 깨끗한 물과 위생 시설을 공급하기 위해 활동하고 있는 비영리 단체 워터에이드는 전 세계 가정의 40%는 집에서 손을 씻을 수 있는 적절한 시설을 갖추지 못하고 있다고 지적합니다. 실제로 전 세계 인구의 19%만이 화장실 사용 후 비누로 손을 씻을 수 있다고 합니다. 워터에이드는 가난한 국가에서 코로나19에 대응하기 위한 최소한의 물과 위생 시설을 긴급 지원하기 위해 기부를 받고 있습니다.

가난한 국가들의 물 부족 상황은 우리의 상상을 넘어섭니다. 세계보건기구WHO와 유엔아동기금 유니세프UNICEF의 2019년 보고에 따르면 전 세계 인구 중 8억 7000만 명(9명 중 1명) 이상이 집에서 깨끗한 물을 마실 수 없습니다. 23억 명은 화장실이 없는 집에서 살아갑니다. 물 부족과 오염된 물, 화장실과 같은 위생 시설 미비로 1분당 한 명의 신생아가 사망하고, 2분에 한 명의 어린이가 수인성 질환으로 사망합니다.

상수도같이 우리 삶에 필수적인 요소들을 공급하는 공급망을 라이프라인Lifeline이라 부릅니다. 생명선이라는 뜻이죠. 세계은행은 필수적인 라이프라인으로 상하수도, 전력(에너지), 도로, 통신망을 꼽고 있습니다. 워터에이드에 따르면 지금도 20억 명은 상수도 없이 살아가고 있습니다. 아프리카의 경우 인구의 75%가 전기를 사용하지 못하고 있습니다.

라이프라인이 갖추어지지 않은 가난한 국가의 사람들이 겪는 고통은 잘 알려져 있지 않습니다. 아프리카 지역에는 아직도 많은 여성과 어린이들이 매일 수 킬로미터를 걸어 물과 땔감을 구해 옵니다. 케냐에 사는 가티는 인터뷰에서 다음과 같이 이야기합니다.

"이곳에서 장작을 구하는 건 오롯이 여자들의 일이었어요. 남자들은 주로 도시에 나가 일자리를 찾았죠. 여기 있어도 남자들의 일은 아니었어

'기후 위기, 우리는 살고 싶다'. 기후 위기로 생물이 멸종하는 상황을 표현하는 환경 운동가들의 퍼포먼스(2020년 9월 2일). ⓒ연합뉴스

요. 우물이 나오지 않자 20리터들이 물통을 들고 물 뜨러 가는 것도 여자들 일이었죠. 한 번에 몇 킬로미터씩 걸어가 땔감을 구하고 물을 길었어요. … 무거운 것을 드느라 여자들은 만날 허리가 아팠어요. 임신 중 유산하는 여자들도 많았죠."

70% 이상의 아프리카 가정이 땔감으로 나무를 사용하지만 화덕과 같은 조리 시설이 갖추어지지 않은 경우가 많다고 합니다. 그래서 조리 시 실내에 연기가 많이 발생하고, 이것이 여성들의 건강에 악영향을 끼치고 있습니다. 2017년 기사에 의하면 아프리카에서는 실내에서 발생하는 연기로 1년에 40만 명이 목숨을 잃고 있습니다.

이렇게 평소 우리가 살아가는 데 필수적인 라이프라인은 기후 변화 상황에서 더욱 중요합니다. 상수도 시설이 없다면 가뭄에 대처하기가 어려운데, 특히 농민이나 가축을 키우는 이들은 더욱 큰 피해를 입게 될 것입니다. 전기나 가스가 없다면 냉난방기 사용이 어려워 폭염이나 혹한에 대응하기가 어렵습니다. 기후 변화로 지역의 샘이 말라 버리고 나무가 고사하면, 더 먼 곳까지 가서 물을 길어 오고 땔감을 구해 와야 합니다. 그리고 그 과정에서 폭염으로 인한 온열 질환에 걸릴 가능성도 높아집니다. 기후 변화가 심각해질수록 라이프라인의 중요성은 더욱 커집니다.

기후 변화 상황에서는 라이프라인을 튼튼하게 만드는 것 또한 중요한 과제입니다. 기후 변화가 심해지면 태풍, 홍수 등 자연재해가 더욱 빈번하게 일어나기 때문입니다. 실제로 GDP가 낮은 국가일수록 라이프라인 붕괴로 인한 피해를 더 크게 겪고 있습니다.

자연재해 시 라이프라인의 붕괴로 인한 손실은 가난한 국가와 부유한 국가 간의 경제적 격차를 더욱 크게 만듭니다. 이는 또 하나의 기후 부정의입니다. 예를 들어 아프리카 기업들은 불안정한 전력 공급으로 매년 많은 손실을 입고 있습니다.

기후 변화가 날로 심각해지고 있는 상황에서 부유한 국가들은 가난한 국가들을 지원해야 마땅하지만, 오히려 가난한 국가들의 기후 변화 대응에 악영향을 끼치기도 합니다. 세계은행과 IMF는 1990년대에 자신들에게서 돈을 빌려 가는 국가들에게 주요 도시나 지역의 상하수도를 민영화하여 서방의 다국적 기업에게 운영을 넘길 것을 요구했습니다. 이후 세계 곳곳의 수자원 관리는 급격하게 민영화되고 그 운영권은 비방디, 벡텔, 수에즈 등 서방의 몇몇 다국적 기업의 손에 들어갑니다. 이러한 물 민영화는 물 가격 상승으로 이어져 가난한 국민들은 물을 사 먹을 수 없게 됩니다. 식량조차 구입할 여력이 없는 빈곤층에게 물 구입이라는 이중의 부담을 주게 된 것입니다.

심각해지는 기후 위기 속에 라이프라인이 제대로 갖추어지지 않은 가난한 국가의 국민들이 생존의 위기를 겪는 상황은 심각한 기후 부정의의 모습을 보여 줍니다. 부유한 국가들이 유발한 기후 변화의 결과로 고통받는 가난한 국가들에 대해 재생 에너지와 적정 기술을 활용한 견고하고 저렴한 라이프라인을 공급하는 일은 매우 시급한 과제입니다.

기후 변화 적응에 드는 비용

기후 변화 적응 대책과 가난한 국가 지원이 필요하다는 사실에 공감하지 않는 사람은 드물 것입니다. 세계은행이 2030년까지 약 1억 명의 사람들이 추가적으로 빈곤 상태에 처할 것으로 전망할 정도로, 기후 변화로 인한 피해가 커지리라는 예상은 이미 기정사실로 되고 있습니다. 하지만 문제는 기후 변화에 적응하기 위해서는 돈이 든다는 사실입니다.

예를 들어 우리나라 정부는 2019년 폭염에 대비한 저소득층 에어컨 지원에 100억 원의 예산을 책정했습니다. 하지만 2020년 서울연구원 조사에 따르면 서울에 거주하는 저소득 가구 중 에어컨을 보유한 가구는 다섯 가구 중 한 가구에 불과했습니다. 저소득 가구에 에어컨을 보급하는 일만 해도 수백억 원이 필요하다는 것을 알 수 있습니다.

민간 부문의 기후 변화 관련 비용 지출은 공공 부문에 비해 소극적입니다. 기록적인 폭염을 기록했던 2018년 배달원 박○○씨는 폭염 수당을 지급해 달라고 1인 시위에 나섰습니다. 1년이 지난 뒤 언론 인터뷰에서 박○○씨는 "1인 시위가 주목받았지만 달라진 건 없다"고 말했습니다. 배달 전문 업체 중 배달 노동자를 위한 폭염 대책을 마련한 곳은 극소수라는 것이 그의 이야기였습니다.

이렇게 공공 부문이건 민간이건 기후 변화 적응을 위해서는 많은 비용이 들어갑니다. 가난한 국가들의 경우는 더 큰 비용이 필요합니다. 뉴클라이밋연구소의 2014년 보고서에 따르면 2030년까지 가난한 국가들의 기후 변화 대응 기반 시설 개발을 위해 필요한 자금은 90조 달러에 달할 것으로 추정됩니다. 이 막대한 자금을 어떻게 마련할 수 있을까요?

기후 변화 대응 자금을 마련하기 위한 노력 중에서 대표적인 것으로 녹색기후기금이 있습니다. 녹색기후기금은 선진국들이 개발 도상국들의 탄소 감축 목표를 지원하기 위해 마련한 기금입니다. 즉 탄소 배출에 책임이 큰 선진국들이 돈을 모아 기후 변화에 피해가 큰 개발 도상국들이 기후 변화에 적응하고 저탄소 경제로 전환하는 데 드는 비용을 지원해 주는 것입니다. 하지만 2017년 미국의 트럼프 전 대통령이 일방적으로 기후 변화 협약 탈퇴를 선언하고, 약속했던 지원을 취소하면서 기금이 부족한 상태였습니다. 다행히 다른 선진국들이 100억 달러 가까운 기금을 추가로 조성하고, 최근(2021년) 미국의 바이든 대통령이 다시 지원을 약속했습니다. 이렇게 유엔이나 세계은행과 같이 세계 여러 나라들이 함께 운영하는 기관에서 마련한 기금을 '다자 기금'이라고 합니다.

기후 변화에 대응하기 위한 다자 기금에는 녹색기후기금 외에도 지구환경기금, 적응기금 등 여러 가지가 있고, 아시아 지역에 재생 에너지를 공급하거나(아시아 청정에너지 기금) 아마존 삼림을 보호하기 위한 기금(아마존 기금) 등 특정 목적을 위해 조성된 기금도 있습니다.

또 한 가지는 녹색 채권입니다. 채권이란 정부나 기업이 비교적 장기적인 투자를 받기 위해 발행하는 증권을 말합니다. 투자자가 채권을 사면 은행에 저금을 한 것처럼 나중에 원금과 이자를 지급받습니다. 정부나 기업에서 투자가 필요한 사업이 있을 경우 채권 발행을 통해 필요한 자금을 조달할 수 있고, 투자자는 안정적인 수익을 얻을 수 있습니다. 그러면 녹색 채권이란 무엇일까요? 녹색 채권은 친환경 사업에 필요한 자금을 마련하기 위해 발행되는 특수 목적 채권을 말합니다.

예를 들어 2026년까지 재생 에너지 사용 비율을 20% 이상으로 높인다는 목표를 세웠지만 예산이 없어서 어려움을 겪고 있던 인도네시아는, 2018년 아시아 국가로는 최초로 약 3억 달러의 녹색 국채를 발행해 자금을 조달했습니다. 녹색 채권의 규모는 점점 커지고 있습니다. 2019년 전 세계에서 발행된 녹색 채권은 2577억 달러로 녹색 채권이 처음 발행되기 시작하던 시기인 2014년에 비해 일곱 배나 증가했다고 합니다. 한국의 경우 2013년 수출입은행이 처음으로 5억 달러 규모의 녹색 채권을 발행했고, 2019년에는 한국 정부도 5억 달러 규모의 녹색 국채를 발행했습니다.

다른 형태로 기후 펀드와 같은 것도 있습니다. 펀드는 투자자들에게 돈을 모아서 주식 등에 투자하는 것을 말합니다. 은행에 예금을 하는 것과 달리 펀드는 투자를 잘못하면 손해를 볼 수도 있지만, 은행이자보다 큰돈을 벌고 싶은 사람들은 펀드에 투자를 합니다. (사실 펀드와 기금은 같은 용어인데, 이 글에서는 투자 이윤을 목표로 하지 않는 국가적 수준의 투자는 기금, 이윤을 목표로 하는 기업과 개인 수준의 투자는 펀드로 구분했습니다.) 그런데 이런 펀드도 기후 변화에 대응하기 위한 것이 만들어지고 있습니다. 얼마 전 미국 온라인 쇼핑 업체인 아마존과 마이크로소프트 등은 수십억 달러 규모의 기후 펀드를 설립하겠다는 계획을 밝혔습니다. 이러한 펀드들은 기후 변화 대응 사업을 진행하는 기업들에게 투자됩니다.

이렇게 여러 가지 형태로 기후 변화에 대응하기 위한 자금이 늘어나고는 있지만, 아직 많이 부족하다고 합니다. 영국의 저명한 경제학자 니콜라스 스턴은 기후 변화로 세계 경제가 5~20% 나빠질 것이 예상되는데, 세계 GDP의 1%만 투자해도 최악의 상황을 막을 수 있다고 이야기합니다. 화석 연료 개발, 석탄 화력 발전소 건설과 같이 기후 변화를 심화시키는 투자를 막고, 기후 변화를 완화하고 사람들의 적응을 도와 피해를 줄이는 사업에 대한 투자가 시급히 확대되어야 하는 시점입니다.

기후 변화에 안전한 사회 만들기

앞에서 기후 변화 적응의 필요성과 기후 변화 적응을 위한 라이프라인의 중요성에 대해 알아보았습니다. 우리가 한 가지 더 생각해 보아야 할 것은 같은 기후 변화 현상에 대해 적응을 위한 다른 해법이 존재할 수 있다는 것입니다.

한 예로 아프리카 동쪽 해안에 위치한 모잠비크의 기후 변화 적응 사례를 살펴볼 수 있습니다. 모잠비크 정부는 농촌 지역 주민들이 수자원 감소와 해수면 상승, 태풍 해일 등 자연재해에 취약하다는 분석에 따라 방파제와 해수벽을 건설하고, 댐과 수로를 건설, 개선하고, 농작물과 농사 지역, 농사 시기를 변경해야 한다는 등의 기후 변화 적응 방안을 제안했습니다. 이러한 적응 방안을 '최종점 관점'에 따른 적응 방안, 또는 회복적 적응 방안이라고 합니다.

그런데 같은 모잠비크 농촌의 상황에 대해 전혀 다른 기후 변화 적응 방안을 제안하는 연구가 있습니다. 이 연구를 수행한 연구자들은 모잠비크 농촌이 기후 변화에 취약한 이유는 경제 자유화로 인해 소농들이 더 가난해졌고, 보건 서비스가 낙후되어 후천성면역결핍증AIDS과 같은 질병이 확산된 것 등이 원인이라고 파악합니다. 그래서 농작물 거래 제도와 정부의 지원 제도를 개선하고, 시장 정보를 제공해 시장 접근성을 강화하고, 지역에 적합한 작물을 보급하고, 지역 지식을 강화하는 것이 중요하다고 제안합니다. 이를 '시작점 관점'에 따른 적응 방안, 또는 전환적 적응 방안이라고 합니다.

다음 표는 모잠비크의 기후 적응 방안을 정리한 것입니다. 농민들이 왜 기후 변화에 취약한지에 대한 원인 분석에서 '최종적 관점'은 가뭄이나 홍수, 해수면 상승 등이 심해진다는, 눈에 드러난 현상만을 제시하고 있습니다. 그러다 보니 이에 대한 대책은 가뭄에 강한 품종을 개발하거나 댐을 건설하는 것과 같이, 기후 변화로 인해 예상되는 피해를 기술적 방법으로 완화시키는 데에만 집중하고 있습니다.

하지만 '시작점 관점'에서는 한발 더 들어가 지역간 경제적 불균형, 빈곤, 건강 등 사회 시스템과 관련된 문제들로 인해 농민들이 기후 변화에 취약해진다고 밝히고 있습니다. 이렇게 원인 분석이 달라지면서 기후 변화로 인한 위험에 대해 기술적으로 대응하는 것뿐 아니라 정부 지원 제도를 개선한다거나 지역 지식을 강

최종점 관점(회복적 적응)		시작점 관점(전환적 적응)	
취약성	적응 방안	취약성	적응 방안
가뭄 홍수 해수면 상승	관개시설 건설 가뭄에 견디는 품종 개발 댐 건설 방파제 및 해수벽 건설	지역 간 불균형 소농인의 빈곤 및 건강 악화	정부 지원 제도 개선 지역에 적합한 작물 개발 지역 지식 강화 시장 정보 및 접근성 강화

* 모잠비크의 기후 변화 적응 방안

화해야 한다는 등의 대책이 나옵니다. 이렇게 시작점 관점에 따른 적응 방안(전환적 적응 방안)은 빈곤 감소, 생계 수단의 다양화, 공유 자원의 보호 등과 같은 사회적 적응 능력을 향상시키는 데 중점을 둡니다.

물론 기후 변화로 인해 발생할 재해에 대비하는 것은 필요한 일 입니다, 하지만 취약성에 대한 시작점 관점에 입각해, 기후 변화에 취약한 사람들이 왜 그런 상황에 처했는지 잘 살펴보지 않는다면, 같은 문제가 반복될 가능성이 큽니다. 지나치게 컴퓨터 게임을 많 이 해서 손목이 아픈 사람이 게임 시간을 줄이지는 않고 진통제만 먹는 것과 비슷한 상황일 수 있습니다.

점차 심각해지는 기후 위기 속에서 기후 변화로 인해 발생하는 피해를 기술적으로 막아 보거나 재빨리 복구해 보겠다는 적응 대 책은 한계를 가질 수밖에 없습니다. 한국에서도 기후 변화 취약 계 층이 발생하는 근본적인 원인을 분석하여 이들이 안전하게 살아갈 수 있는 사회적 대책을 마련하는, 전환적 적응 대책이 필요한 시점 입니다. 하지만 기후 변화가 더욱 심각해진다면 어떤 적응 대책도 소용이 없을 수 있습니다. 장기적인 관점에서는 최대한 빨리 저탄 소 사회로 전환해 가는 것만이 진정한 기후 변화 적응 대책일 수밖 에 없습니다.

5

파리 협정이
뭐예요?

2018년 10월 인천 송도에서 기후 변화에 관한 정부 간 협의체 총회가 열렸습니다. 이 회의에서 세계 각국은 지구 평균 온도 상승 폭을 1.5도로 제한하기로 약속했습니다. 왜 1.5도일까요? 윌리엄 노드하우스는 그의 책 『기후 카지노』에서 지구 평균 기온이 산업 혁명 이전보다 1.5도 이상 상승할 경우 양성 피드백에 의해 기후 변화가 더 큰 기후 변화를 초래하는 자동적인 과정이 발생할 수 있다고 이야기합니다.

1.5도가 왜 중요한가?

양성 피드백이란 무엇일까요? 에어컨의 경우를 생각해 보면 쉬운데요. 날씨가 더워져서 에어컨을 틀면, 실외기를 통해 더운 바람이 밖으로 배출되고 날씨는 더 더워집니다. 이와 같이 어떤 일의 결과가 원인에 자극을 주어 원인이 늘어나는 것을 양성 피드백이라고 말합니다.

기후 변화 과정에는 여러 가지 양성 피드백 가능성이 존재합니다. 첫 번째는 지구의 반사율 문제입니다. 지구에 들어오는 빛의 상당 부분은 흡수되지 않고 반사되는데, 평균 반사율은 30% 정도입니다. 지구에 들어오는 빛의 30%는 다시 우주로 반사된다는 것이죠. 반사율이 클수록 지표나 대기에 흡수되는 빛의 양이 작아지므로 지구 온도는 낮아집니다. 반대로 반사율이 낮아져 더 많은 빛이 지표와 대기에 흡수되면 지구 온도는 높아집니다. 반사율은 지구 표면 상태에 따라 달라집니다. 눈과 얼음은 반사율이 매우 커서 90%에 가깝습니다.

기후 변화로 극지방의 빙하가 녹으면 어떻게 될까요? 빙하가 녹아서 지표면이 드러나면 지구의 반사율은 낮아집니다. 지구의 반사율이 낮아지면 지표가 더 많은 빛을 흡수하면서 지구의 온도는 더 높아집니다. 이 높아진 온도는 빙하를 더 많이 녹이고 그러면 반사율은 더 낮아지는 양성 피드백이 발생합니다.

과학자들은 현재 지구 평균 기온이 산업 혁명 이전보다 이미 1도 상승했는데, 앞으로 0.5도 더 상승할 경우 그린란드 지역의 거대한 빙상이 급속히 붕괴할 위험이 있다고 경고합니다. 이 빙상들이 붕괴하면 반사율을 낮추는 것뿐 아니라 쓰나미와 해수면 상승 등의 커다란 재해도 발생할 수 있습니다.

두 번째는 영구 동토층이 녹는 것입니다. 영구 동토는 2년 이상 평균 온도가 0도 이하인 땅을 말합니다. 기온이 영상으로 올라가는 극지방의 여름 동안에도 땅속에 있는 영구 동토는 얼어 있는데, 북반구 땅의 4분의 1에 해당될 정도로 넓습니다. 이 영구 동토 속에는 많은 동식물의 사체와 미생물이 냉동 상태로 묻혀 있습니다.

기후 변화로 영구 동토층이 녹으면 안에 있던 미생물들이 활발히 활동하면서 동식물의 사체를 분해합니다. 그 결과로 온실가스인 이산화탄소와 메탄이 발생합니다. 이렇게 발생된 이산화탄소와 메탄은 지구의 온도를 더 높이고, 그러면 영구 동토층이 더 많이 녹는 양성 피드백이 발생합니다. 유엔환경계획에 의하면 영구 동토층에 갇혀 있는 온실가스는 1672억 톤에 이르는데, 이 온실가스가 방출되면 지구의 기후 변화를 되돌리기는 어려울 것으로 전망합니다. 하지만 이미 이 영구 동토층이 예상보다 빨리 녹아내리고 있다고 많은 과학자들이 경고하고 있습니다.

영구 동토층이 녹는 것은 또 다른 문제도 일으킬 수 있습니다. 영구 동토층에 냉동되어 있던 알 수 없는 바이러스들이 깨어나면서 새로운 전염병이 발생할 수 있다는 것입니다. 실제로 2016년 7월, 러시아 시베리아의 야말 반도에서 약 2300마리의 순록이 탄저병으로 죽은 사건이 발생했습니다. 과학자들은 영구 동토가 녹으며 탄저균이 되살아난 것으로 분석하고 있습니다.

세 번째는 숲의 파괴입니다. 숲은 많은 이산화탄소를 흡수하고 산소를 배출합니다. 숲이 탄소를 흡수하는 양은 상당한데요, 우리나라의 경우 온실가스 총 배출량의 6.8%를 숲이 흡수한다고 합니다.

그런데 기후 변화로 숲이 파괴되고 있습니다. 기후 변화로 가뭄이 심해지면 숲이 건조해지고, 산불이 발생하게 됩니다. 우리나라뿐 아니라 전 세계에서 산불이 더 자주 일어나고 있고, 2019년에서 2020년 사이 6개월간 발생한 호주 산불은 남한 면적보다 넓은 12만 제곱킬로미터에 이르는 숲과 초원을 태웠습니다. 이렇게 산불이 발생하면 많은 양의 이산화탄소가 배출되고, 숲이 없어진 만큼 이산화탄소 흡수량이 줄어들어 기후 변화가 더 심해집니다.

가뭄과 산불로 인한 숲의 파괴는 아마존과 아프리카 콩코강 유역의 세계 1, 2위의 열대우림 지역도 황폐화시키고 있다고 과학자들은 경고하고 있습니다. 특히 지구의 허파라고 불리는 아마존의 경우 농지와 가축을 키우기 위한 목초지 확보를 위해 벌목과 방화가 날로 심해지고 있고, 이로 인해 열대우림의 파괴도 가속화되고 있습니다. 2019년 5월에 보름 동안 축구장 7000개 넓이의 아마존 열대우림이 사라졌다는 기사는 많은 이들을 놀라게 했습니다.

마지막으로 바다의 탄소 흡수량 변화가 있습니다. 바다는 이산화탄소를 흡수하는 거대한 스펀지 역할을 하는데, 인간이 배출한 이산화탄소의 약 4분의 1을 바다가 흡수합니다. 기후 변화는 두 가지 면에서 바다의 이산화탄소 저장 능력을 떨어뜨립니다. 우선 지구 평균 기온이 올라가면서 수온이 상승하면 이산화탄소 저장 능력이 떨어집니다. 차가웠던 콜라나 사이다가 더워지면 거품이 나면서 이산화탄소가 배출되듯이 말이죠. 또 대기 중 이산화탄소가 증가하면 바다가 더 많은 이산화탄소를 흡수하면서 산성화하여 이산화탄소 흡수율이 떨어집니다.

기후 변화로 지구 평균 기온이 상승하다 보면, 어느 순간부터는 인간이 온실가스 배출을 하지 않더라도 기온이 급속히 상승하게 됩니다. 조금씩 흔들리던 배가 어느 순간을 넘어서면 뒤집히듯이, 어떤 현상이 조금씩 진행되다가 균형이 깨지면서 폭발적으로 진행되는 시점을 '티핑 포인트'라고 합니다. 과학자들은 기후 변화의 티핑 포인트를 1.5도로 보고 있습니다. 호주 기후복원센터는 작년 보고서에서 최후의 마지노선 1.5도를 지키려면 10년밖에 시간이 남지 않았다고 강조하고 있습니다. 기후 변화에 관한 정부 간 협의체 보고서도 2030년까지 45% 이상의 온실가스를 감축해야 한다고 말하고 있습니다. 기후 변화의 티핑 포인트를 넘어서지 않기 위해선 지금 바로 온실가스 배출을 줄이기 위한 실천을 시작해야 합니다.

교토 의정서의 실패와 새로운 기후 협정

기후 변화의 마지노선 1.5도를 지키기 위해선 전 세계적 노력이 필요합니다. 하지만 온실가스 감축에 대해 세계는 하나의 목소리를 내지 못하고 있습니다.

온실가스 감축을 위해 세계 여러 나라가 모여 회의를 하기 시작한 것은 1990년대로 거슬러 올라갑니다. 1992년 6월 브라질 리우데자네이루에서 개최된 유엔환경개발회의에 194개국이 참여해 처음으로 유엔 기후 변화 협약을 채택하게 됩니다. 이 회의에서 선진국과 개발 도상국은 '공동의 그러나 차별화된 책임' 원칙에 따라 각자의 능력에 맞게 온실가스를 감축할 것을 약속하였습니다. 5년 뒤 1997년 일본 교토에서 개최된 3차 유엔 기후 변화 협약 당사국 총회에서는 42개 선진국들이 2012년까지 의무적으로 온실가스 배출량을 1990년 수준 대비 5.2% 감축하기로 했습니다. 이것이 '교토 의정서'입니다. 그런데 의문이 생깁니다. 기후 변화는 분명히 전 지구적 문제입니다. 그런데 왜 선진국들만 감축 의무를 지게 되었을까요?

그것은 역사적 책임 때문입니다. 1991년 개발 도상국 각료들은 중국 북경에 모여 "환경과 개발에 관한 북경 각료 선언"을 채택했는데, 주된 내용은 "산업 혁명 이래로 선진국은 지속 불가능한 생산 패턴과 소비 패턴으로 세계의 천연자원을 과잉 사용하였고, 지구 환경에 해악을 끼쳐 개발 도상국에게 손해를 입혔다"는 것이었습니다. 따라서 "선진국은 환경 악화에 대한 그 주요한 책임을 고려하여 환경적 손해의 제거 및 개발 도상국이 직면한 문제에 대처하기 위한 원조를 솔선해서 행하지 않으면 안 된다"는 것이 개발 도상국의 입장이었습니다.

실제로 지금까지 인류가 배출한 온실가스의 반 이상이 미국(25%)과 유럽(28%)이 배출한 것이니 개발 도상국의 주장은 타당한 면이 있습니다. 또 오염 발생에 책임이 있는 자가 오염의 제거와 원상회복을 위한 비용을 부담해야 한다는 '오염자 부담의 원칙'이나, 지구의 자연환경은 과거, 현재, 미래의 세대가 공유하고 있으므로 선진국의 과거 세대들이 초래한 환경 오염을 개발 도상국의 현재, 미래 세대들이 부담하고 있는 상황을 고려해야 한다는 '세대 간 형평의 원칙'도 제시되었습니다. 이러한 의견들은 기후 변화 해결에 있어서 '공동의 그러나 차별화된 책임'이라는 원칙 아래 선진국에만 온실가스 감축 의무를 부과하는 근거가 되었습니다. 이렇게 '공동의 그러나 차별화된 책임'은 환경의 보호 책임은 인류가 공동으로 부담하는 것이지만, 구체적인 책임의 정도는 환경 손상에 영향을 미친 정도와 국가의 능력을 고려하여 달리 정할 수 있다는 원칙입니다.

하지만 선진국만 온실가스 감축 의무를 갖는 협정은 오래 지속되지 못했습니다. 중국이 온실가스 최대 배출국으로 부상하고 인도와 우리나라 등 신흥 공업국들의 탄소 배출이 급증하는 상황이 되자 선진국들은 교토 의정서가 과연 효과가 있는지 의문을 제기하기 시작했습니다. 반면 개발 도상국은 선진국의 역사적 책임이 해소되지 않았고, 개발 도상국은 경제 발전과 빈곤 퇴치가 우선이라는 입장을 고수했습니다. 이렇게 선진국과 개발 도상국의 입장 차이가 좁혀지지 않자 기존 교토 의정서 불참국인 미국 외에도 캐나다, 일본, 러시아, 뉴질랜드 등이 2013년부터 교토 의정서에 불참하겠다는 선언을 합니다. 그러는 동안 이산화탄소 배출량은 1990년 약 222억 톤에서 2012년 약 355억 톤으로 60% 이상 증가했습니다.

기후 위기는 날로 심각해지고 있지만 선진국과 개발 도상국이 자신의 이익만 주장하는 무책임한 상황은 몇 년간 계속되었습니다. 특히 지금까지 온실가스 배출을 통해 경제 성장을 이루어 온 선진국들이 공동의 책임을 주장하며 기후 협정에서 탈퇴하는 상황은 많은 비판을 받았습니다. 2011년 캐나다가 가장 먼저 교토 의정서를 탈퇴하겠다고 선언할 때 캐나다 환경 단체 기후행동네트워크는 "(캐나다) 하퍼 총리는 기후 변화에 생사가 걸린 사람들의 면전에 침을 뱉었다"며 "이는 국가적 치욕"이라고 비판했습니다.

2015년 파리에서 열린 21차 유엔 기후 변화 협약 당사국 총회에서 다행히 다시 모든 국가들이 참여하는 '파리 협정'이 채택되었습니다. 파리 협정에서 모든 국가는 지구 평균 기온 상승을 1.5도로 제한하기 위해 함께 노력하기로 했습니다. 또 이전 '교토 의정서'에서는 선진국만 온실가스 의무 감축을 실시했지만, 파리 협정에서는 모든 국가가 자발적으로 온실가스 감축 목표를 설정하고 실천하기로 했습니다. 이것을 국가 결정 기여NDC, Nationally Determined Contribution라고 합니다. 그리고 5년마다 감축 목표를 이행했는지 점검하고, 다음 5년은 더 높은 목표를 설정하기로 약속했습니다. 이를 진전 원칙principle of progression이라고 합니다. 이외에도 교토 의정서와 파리 협정의 차이점을 살펴보면 다음 표와 같습니다.

파리 협정은 세계 195개 국가들이 온실가스 감축을 위한 국제적으로 구속력 있는 조약을 만들었다는 점에서 큰 의미가 있습니다. 그러나 파리 협정은 기후 변화에 대응하기 위한 첫걸음에 불과하

교토의정서	구분	파리 협정
온실가스 배출량 감축 (1차: 5.2%, 2차: 18%)	목표	2℃ 목표 1.5℃ 목표 달성 노력
주로 온실가스 감축에 초점	범위	온실가스 감축만이 아니라 적응, 재원, 기술 이전, 역량 배양, 투명성 등을 포괄
주로 선진국	감축 의무 국가	모든 당사국
징벌적 (미달성량의 1.3배를 다음 공약 기간에 추가)	목표 불이행 시 징벌 여부	비징벌적
공약 기간에 종료 시점이 있어 지속 가능한지 의문	지속 가능성	종료 시점을 규정하지 않아 지속 가능한 대응 가능
국가 중심	행위자	다양한 행위자의 참여 독려

출처: 환경부

21차 유엔 기후 변화 협약 당사국 총회에서 '파리 협정'이 채택되는 장면(2015년). ©연합뉴스

고 그마저도 여러 한계를 가지고 있습니다. 아직도 세부적인 이행 지침이 합의되지 않았고, 각국이 제출한 온실가스 감축 목표가 충분치 않습니다. 이런 상황에서 세계 2위 온실가스 배출국인 미국의 트럼프 전 대통령이 협정에서 탈퇴하면서 세계적인 노력에 찬물을 끼얹기도 했습니다. 하지만 바이든 대통령이 파리 협정에 다시 가입해 파리 협정의 전망은 조금 밝아진 상태입니다.

개발 도상국은 왜 온실가스를 줄이기 어려워할까?

기후 위기 극복을 위해 전 지구적 노력이 필요하다는 것은 모두가 알고 있는 사실입니다. 그렇게 생각하면 개발 도상국 또한 온실가스 배출을 줄이기 위해 노력해야 한다는 선진국들의 요구는 타당한 요구로 보입니다. 그런데 왜 개발 도상국은 이런 요구를 받아들이기 어려워할까요?

현재 세계의 거의 모든 국가는 경제 성장을 목표로 합니다. 그리고 이 경제 성장은 GDP^Gross domestic product라는 지표로 측정됩니다. GDP는 '국내 총생산'이라고 하는데 1년 동안 한 국가에서 생산된 상품과 서비스의 총량을 뜻합니다. 우리는 언론에서 "올해 한국의 경제 성장률은 ○○%로 예측된다"는 기사를 많이 보게 되는데, 성장률이 낮을 경우(예를 들면 1~2%) 언론은 큰 문제라고 이야기합니다. 이렇게 대부분 국가는 경제 성장을 통해 GDP를 높이는 것을 국가 운영의 주요 목표로 삼고 있습니다. 그러면 국가는 왜 경제 성장을 목표로 할까요?

경제가 성장하지 않는다는 것은 쉽게 이야기하면 기업이나 국민들이 이전보다 돈을 더 벌지 못한다는 것입니다. 이전보다 돈을 많이 벌지 못하면 기업 운영이나 국민들의 생활이 어려워집니다. 경제가 성장하지 않는 수준을 넘어 GDP가 오히려 줄어드는 마이너스 성장을 하면, 망하는 회사나 가게가 증가하고, 실업자가 늘어납니다. 그러면 국민들은 정부에 불만을 갖게 됩니다. 결국 대부분 정부는 지속적인 경제 성장을 추구할 수밖에 없습니다. 그런데 이 경제 성장은 화석 연료 사용을 증가시킵니다. 상품을 생산하든 서비스를 제공하든 에너지가 들어가게 마련이고, 그 규모가 커질수록 더 많은 에너지를 사용하기 때문입니다.

특히 개발 도상국의 경우 이 현상은 더욱 심합니다. 이전에는 미국과 유럽 같은 선진국들이 상품 대부분을 생산했지만 이제 선진국의 산업은 IT나 금융과 같이 부가가치가 높은 산업으로 바뀌어 가고 있습니다. 또 제품을 생산하더라도 자신의 국가 내에서는 연구 개발이나 디자인만 하고, 생산은 값싼 노동력을 가진 개발 도상국들의 공장에서 하는 경우가 많습니다. 에너지를 많이 사용하고, 온실가스를 많이 배출하는 제조업은 이렇게 개발 도상국들이 점점 더 많이 담당하고 있습니다. 그래서 개발 도상국들은 선진국과 같은 수준으로 온실가스를 감축하라는 요구를 받아들이기 어려워합니다. 개발 도상국들 입장에서는 지금까지 막대한 화석 연료를 사용하고 대부분 온실가스를 배출하면서 경제를 성장시켜 온 선진국들이, 이제 경제 성장을 좀 해보려는 자신들을 부당하게 규제하는 것으로 받아들이기 쉽습니다.

그러다 보니 온실가스를 줄이려는 국제적 노력을 선진국들이 자신의 기득권을 지키려는 '음모'라고 생각하는 사람들도 있습니다. 중국의 금융 전문가 거우홍양은 『저탄소의 음모』라는 자신의 책에서 개발 도상국에 대한 선진국들의 온실가스 감축 요구에 대해 "환경 보호는 빌미일 뿐 그들의 속셈은 '저탄소'라는 카드를 이용해서 중국과 같은 개발 도상국들의 발전을 막으려는 것이다"라고 주장합니다. 그는 "유럽과 미국에서 주장하는 대로 2030년까지 중국이 지금의 온실가스 배출량을 50%로 감축해야 한다면 아직 대체 에너지를 확보하지 못한 중국으로서는 공장의 절반이 문을 닫아야 하고, 현재와 같은 발전을 할 수 없다"면서 "중국의 가장 중요한 가치는 경제 발전이고, 이를 위해 온실가스 배출 감축이라는 올가미에 묶여서는 안 된다"고 말합니다. 물론 이런 음모론은 문제가 있는 주장이지만 그만큼 개발 도상국의 거부감이 크다는 것을 알 수 있는 대목입니다.

개발 도상국이 온실가스 감축 요구에 대해 부당하다고 주장하는 또 다른 이유는 개발 도상국에서 생산한 상품의 상당수가 선진국에 수출하기 위한 것이기 때문입니다. 캐나다의 저널리스트 나오미 클라인은 그의 책에서 "캐나다의 어느 집 거실에 놓인 중국산 텔레비전을 생산할 때 배출되는 탄소는 캐나다가 아니라 생산지인 중국의 몫으로 계산된다"면서 "2002년부터 2008년 사이 중국의 총 이산화탄소 배출량 가운데 45%는 수출용 상품 생산에서 비롯된 것으로 나타났다"고 지적합니다. 그는 개발 도상국에서 대부분 상품을 수입하면서, 그 제조 과정에서 발생하는 오염과 온실가스에 대해서는 아무런 책임을 지지 않고 상품을 생산하는 국가에 책임을 떠넘기는 선진국의 태도를 비판합니다.

개발 도상국이 온실가스 배출량이 증가하더라도 경제 성장을 추구할 수밖에 없는 또 하나의 이유는 기후 변화에 대한 적응을 위해 비용이 들어가기 때문입니다. 기후 변화로 인한 자연재해를 예방하기 위해선 튼튼한 라이프라인과 위생 시설을 갖출 필요가 있고, 재해 이후 손상된 제반 시설들을 복구하는 것도 매우 중요한 일입니다. 그리고 이 모든 일에는 많은 돈이 들어갑니다. 경제 성장이 이루어지지 않는다면 정부는 기후 변화 적응에 필요한 자금을 마련하기 힘들고, 그러면 재해 시 더 큰 경제적 손실을 입는 악순환이 발생합니다. 녹색기후기금 등 선진국들이 가난한 나라들을 위한 기후 적응 기금을 마련하고 있지만 충분치 않습니다. 결국 개발 도상국이 경제 성장을 위해 온실가스 배출을 증가시키는 것을 막기는 매우 어렵습니다.

그러나 모든 개발 도상국이 현재 선진국 수준으로 온실가스를 배출한다면 기후 변화로 인한 파국을 막을 수는 없습니다. 예를 들어 전 세계 모든 사람들이 미국인 수준의 생활을 한다면 다섯 개의 지구가 필요하다고 합니다. 결국 선진국들은 솔선해서 온실가스를 더 많이 감축해야 합니다. 그리고 개발 도상국들이 재생 에너지와 저탄소 기술을 이용해 경제를 발전시키고 빈곤을 극복할 수 있도록 충분한 재정적, 기술적 지원을 해야 합니다. 선진국들이 이렇게 진정성 있는 태도를 보일 때, 개발 도상국들이 더 높은 온실가스 감축 목표를 세울 수 있도록 설득할 수 있을 것입니다.

자발적 책임의 함정

앞에서 파리 협정에 대해 살펴보았습니다. 파리 협정은 세계 195개국이 온실가스 감축을 위해 함께 노력하기로 했다는 점에서 큰 의의가 있습니다. 하지만 한계점도 가지고 있는데 이에 대해 좀 더 자세히 살펴보겠습니다.

파리 협정에서 모든 국가는 국가 결정 기여 원칙에 따라 자발적으로 온실가스 감축 목표를 설정하고 실천하기로 했습니다. 문제는 전 세계 국가들의 감축 목표를 다 합쳐도 1.5도 상승을 막기에 턱없이 부족하다는 사실입니다.

실제로 유엔 기후 변화 협약에 189개 국가가 제출한 161개의 감축 목표를 바탕으로 연간 온실가스 배출량이 어떻게 변할지 시뮬레이션한 결과는 1.5도 상승 목표나 2도 상승 목표를 달성하기에는 너무나 부족한 감축량이었습니다. 각국이 이 감축 목표를 100% 달성한다고 해도 온실가스 배출량은 지금보다 늘어나며, 지구 평균 기온은 3도 오를 것이 예상됩니다. 파리 협정은 그 목표와 달성 방식 사이에 심각한 괴리가 있는 조약이라고 볼 수 있습니다.

그런데 한 가지 의문이 생깁니다. 전 세계 195개국이 온실가스 배출량을 줄이는 감축 목표를 설정했는데, 왜 온실가스 배출량이 더 늘어나는 것으로 예상되는 걸까요?

왜 이런 일이 발생하는지 한국의 예를 살펴보겠습니다. 한국 정부의 경우 파리 협정 이후 '2030년 온실가스 배출량을 BAU 대비 37%를 감축하겠다'는 목표를 발표했습니다. 1.5도 상승을 달성하기 위해선 2030년까지 온실가스를 45% 이상 감축해야 하지만 37% 감축하겠다는 정부의 목표도 꽤 높은 목표인 것 같이 생각됩니다. 하지만 문제는 'BAU 대비 37%'라는 데 있습니다. BAU는 'Business As Usual'의 약자로 특별한 조치를 취하지 않을 경우 예상되는 배출 전망치를 나타냅니다. 즉 2030년 BAU 대비 37%를 감축하겠다는 것은 2030년까지 온실가스 배출량을 줄이려는 노력을 전혀 하지 않았을 때의 예상 배출량을 계산해 보고, 그 수치에서 37%를 줄이겠다는 것입니다.

이에 따라 한국 정부가 계산한 2030년의 BAU 온실가스 배출량은 약 8억 5000만 톤입니다. 이 예상 수치에서 37%를 줄여 5억 3600만 톤을 배출하겠다는 것이 2016년 정부가 발표한 계획이었습니다. 그런데 사실 2015년 한국의 온실가스 배출량은 약 6억 9000만 톤이었습니다. 이 배출량에서 5억 3600만 톤으로 줄인다고 하면 실제로는 약 22%를 감축하는 것에 불과합니다. 2030년의 배출량을 높게 잡아 놓고 여기서 줄이겠다고 하니 실제보다 많이 줄이는 것 같은 착시 효과가 발생하는 것이죠. 이후 정부는 BAU

기준에서 2030년까지 2017년 대비 24.4%를 감축하겠다는 방식으로 산정 방식을 변경했습니다. 그런데 방식만 바뀌었을 뿐 실제 온실가스 감축 목표량이 똑같다는 비판을 받고 있습니다.

상황이 이렇다 보니 감축 목표를 설정했는데도 오히려 절대적인 예상 배출량이 늘어나는 국가들도 있습니다. 각국이 제출한 국가 온실가스 감축 목표를 분석하는 기관인 기후행동추적Climate Action Tracker에서 분석한 내용에 따르면 OECD 국가 중에서도 칠레, 아이슬란드, 이스라엘, 터키 등은 감축 목표를 달성하더라도 2030년에 2014년 배출량보다 더 많은 온실가스를 배출하는 것으로 나타났습니다. 이러한 분석에 따라 기후행동추적은 한국이 제출한 계획에 대해 지구 평균 기온 상승폭을 2도 이하로 억제하는 데에 "부적합"하다고 평가했습니다.

감축 목표 설정에 있어서 심각한 문제를 가진 또 하나의 기준이 있는데 바로 '탄소 집약도'를 감축하겠다는 목표입니다. 탄소 집약도란 소비한 에너지에서 발생된 이산화탄소량을 국내 총생산으로 나눈 값(CO_2/GDP)입니다. 탄소 집약도가 높다는 것은 에너지 소비 과정에서 그만큼 탄소가 많이 발생한다는 것을 뜻합니다. 우리가 석탄이나 석유 등 탄소 발생이 많은 에너지를 천연가스나 재생에너지와 같이 탄소 발생이 적은 에너지로 바꾸어 가면 탄소 집약도는 낮아지게 됩니다. 하지만 탄소 집약도를 낮추는 것은 절대적인 이산화탄소 배출량을 감축하는 것이 아니라 배출량 증가 속도를 늦추는 정도입니다. 그럼에도 '탄소 집약도'를 기준으로 사용하는 이유는 온실가스 배출량을 줄이더라도 경제 성장에 영향을 주지 않는 수준에서 실행하겠다는 의미입니다. 실제로 탄소 집약도를 낮추어 가더라도 경제가 빠르게 성장하면 탄소 배출 총량은 지속적으로 늘어날 수밖에 없습니다. 그래서 대부분 국가들은 '탄소 집약도'를 기준으로 활용하지 않습니다. 하지만 문제는 세계 1위 온실가스 배출국인 중국과 3위 배출국인 인도가 이 기준을 사용한다는 것입니다. 중국의 경우 감축 목표를 달성하더라도 2030년까지 중국의 온실가스 배출은 지속적으로 증가할 것으로 전망합니다.

파리 협정에 대해 살펴보면서 우리는 각 국가들이 기후 변화 대응보다 자국의 경제 성장을 최우선의 과제로 생각한다는 것을 알 수 있습니다. 결국 온실가스의 '자발적' 감축은 한계를 가질 수밖에 없습니다. 현재의 기후 변화에 대응하기 위해선 더 구속력 있는 국제 협약을 통해, 각 국가들이 의무적으로 이행해야 할 최소한의 사항들을 설정할 필요가 있습니다. 또 각 나라의 국민들이 깨어 있는 의식을 가지고 자신들의 정부가 온실가스 감축에 나서도록 강제할 필요가 있습니다. 우리 모두가 직접적인 행동과 실천을 통해 자국 정부가 기후 변화에 대응하도록 요구할 때 1.5도라는 인류의 마지노선은 지켜질 수 있습니다.

기후 난민 보호하기

2016년 미국 대통령 선거에서 예상을 뒤엎고 도널드 트럼프 후보가 당선되었습니다. 당시 트럼프 후보의 가장 중요한 공약에는 "불법 이민을 막고, 중국에 대한 관세를 올려 일자리를 지키겠다. 이슬람 사원을 폐쇄하고, 미국 내 무슬림을 의무적으로 등록하고 데이터베이스화하여 테러를 방지하겠다"는 공약이 있었습니다. 트럼프의 공약은 미국 우선 정책이었습니다.

트럼프 대통령이 이런 공약을 한 이유는 무엇일까요? 그 이면에는 미국 경제의 장기적 불황이 있습니다. 2008년 미국의 거대한 금융 회사 리먼브라더스가 파산하면서 전 세계에 경제 위기가 왔었는데요, 미국 경제는 그 이후 잘 회복되지 않았습니다.

미국 경제에 불황이 계속되는 가운데 베네수엘라, 콜롬비아, 엘살바도르, 과테말라, 온두라스 등 중남미 국가에서는 많은 난민이 발생했습니다. 유엔 난민 기구가 집계하는 공식적인 난민 숫자만 100만 명이 넘습니다. 이들 국가에서 난민이 발생하는 이유는 내전, 정치 사회 불안 등 여러 가지가 있지만 그중에는 기후 변화도 있습니다.

아브라함 루스가르텐이 작성한 〈뉴욕타임스〉 기사에는 기후 변화로 인해 고향을 떠나는 남미 사람들의 이야기가 실렸습니다. 엘살바도르의 작은 농촌 마을에 살던 코르테스는 2012년 기후 변화로 커피 마름병이 심해져 작물 수확량이 70%가 감소하자 마을을 떠날 수밖에 없었습니다. 인근 도시로 이주했지만 남편은 갱단에게 살해당합니다. 코르테스는 전 재산을 들여 미국에 가기로 결심합니다. 그것만이 그녀의 아이를 살릴 수 있는 유일한 방법이라고 생각했기 때문이었습니다. 과테말라의 농부 조르지도 마찬가지였습니다. 5년 동안 비가 거의 내리지 않자, 2019년 그는 일곱 살 아들을 데리고 바지 한 벌, 티셔츠 세 장, 속옷, 칫솔만을 챙겨 과테말라를 떠납니다. 미국으로 향하는 온두라스의 한 농부는 "우리는 굶주림을 견딜 수 없어요. 어쨌든 우리가 죽게 된다면 미국에 가려고 시도하다 죽는 게 나을지도 몰라요"라고 이야기합니다. 멕시코의 농민과 어민들도 기후 변화로 물이 부족해지고, 바다에 물고기가 사라지자 미국으로 불법 입국을 시도하고 있습니다.

트럼프 대통령은 이런 상황을 잘 이용했습니다. 그는 미국의 경제가 어려운 것이 이런 난민들 때문이라고 이야기했습니다. 난민들이 미국인들의 일자리를 뺏고 있으니 이들을 추방하고, 미국과 멕시코 사이 국경에 거대한 장벽을 세우겠다고 했습니다. 불안한 사람들은 트럼프를 지지했습니다. 실제로 트럼프 정부는 파리 기후 협약에서 탈퇴한 것뿐 아니라, 2018년 기후 변화 등으로 자국을 떠난 이주민들의 기본적 인권을 보장하는 국제 이주 협약에 가입하는 것을 거부했습니다. 이 조약에는 유엔 산하 164개국이 가입했는데도 말이죠.

어떤 국가든 자국의 이익을 우선하겠지만 이렇게 기본적인 인권을 무시하고, 폐쇄적인 정책을 펴는 것은 문제가 있습니다. 그런데 트럼프와 같은 극우 정치인이나 정당들이 유럽에도 늘어나고 있습니다. 유럽도 경제가 그다지 좋지 않기는 마찬가지입니다. 이런 상황에서 많은 극우 정당들이 경제 위기의 이유가 난민 때문이라고 주장하면서 세력을 키우고 있습니다. 2010년대 중반 이후 수십만 명의 난민이 유입된 이탈리아에서는 반(反)난민 구호를 앞세운 극우 정당 '동맹'의 세력이 커졌습니다. 독일의 극우 정당인 독일대안당도 반난민 정서를 이용해 2017년 총선에서 제3당으로 원내 진입하는 데 성공했습니다. 이러한 극우 정당들은 난민이 사회에 위협적인 존재라는 것을 부각합니다. 이들은 별 근거도 없이 난민이 테러, 범죄, 성폭행 등을 저지른다고 주장합니다. 하지만 이탈리아의 통계에 따르면 난민 범죄율은 이탈리아인들의 범죄율보다 낮다고 합니다.

루스가르텐은 기사에서 다음이 같이 이야기합니다.

"호모사피엔스는 아프리카를 벗어나려 했고, 1200년 전 마야인들도 그랬습니다. … 이동성은 회복력입니다. 사람들에게 자신이 살 곳을 선택할 수 있는 유연성을 허용하는 모든 정책은 그들의 삶을 더 안전하게 만듭니다." - 〈뉴욕타임스 매거진〉 2020년 7월 20일자.

선진국들이 역사적으로 발생시킨 기후 변화는 당분간 더욱 많은 기후 난민을 발생시킬 수밖에 없습니다. 이들이 살 수 있는 땅으로 이주하는 것은 자연스러운 선택 중 하나입니다. 이런 흐름을 범죄시하고, 기후 변화로 고통받고 자신의 고향을 떠날 수밖에 없는 난민들을 이용해 정치적 이득을 취하는 극우 정당과 정치인의 행태는 중지되어야 마땅합니다. 이탈리아의 한 시민은 언론 인터뷰에서 "무능한 정치인들이 진짜 문제(일자리 부족과 경제 침체)를 해결할 능력이 없기 때문에 선동하기 좋은 난민 문제를 부풀려 사람들의 시선을 돌리고, 지지율을 끌어올림으로써 정치적인 이득을 취하고 있다"고 분통을 터뜨리기도 했습니다. 이런 극우 정치가 힘을 얻지 못하도록 시민들이 기후 변화와 대해 이해하고, 기후 난민에 대한 올바른 입장을 가질 필요가 있습니다. 기후 변화에 대응하기 위해 시민의 정치 참여는 더욱 중요합니다

6

기후 변화와 먹거리는 무슨 관계인가요?

2020년 7월 뉴스에는 예멘의 두 아이 이야기가 보도되었습니다. 태어난 지 3개월 밖에 되지 않은 아이들이 영양실조에 시달리고 있었습니다. 몸무게는 정상 체중의 절반밖에 되지 않습니다. 엄마도 만성적인 영양실조로 아이에게 젖을 물릴 수가 없습니다. 코로나로 인한 봉쇄 조치 때문에 구호물자 전달이 차질을 빚으며 상황은 더 악화되고 있습니다. 유니세프는 이 상태가 계속되면 예멘의 영양실조 아동이 240만 명까지 늘어날 것이라고 경고했습니다. 참고로 예멘의 전체 인구는 2018년 기준 약 2850만 명입니다.

세계는 왜 굶주리는가?

비슷한 시기 한국에는 코로나로 집에서 생활하는 아이들이 체중이 늘고 있으니 비만에 주의하라는 기사가 보도되었습니다. 성조숙증, 소아 당뇨, 이상지질혈증 등 질환이 발생할 수 있으니 가공식품을 덜 먹고 열심히 운동하라는 이야기였습니다.

요즘처럼 먹을 것이 넘치는 세상에 먹을 것이 없어 굶는 사람이 있다는 것을 우리는 쉽게 상상하기가 어렵습니다. 세계기아지수라는 기관에서는 매년 전 세계의 기아 상태를 조사해서 발표하고 있는데, 2019년 보고서에 따르면 영양 부족 상태에 있는 인구가 8억 2000만 명이 넘습니다. 2019년 인구가 약 77억 명이었으니 전 세계 인구 아홉 명 중 한 명은 영양 부족 상태에 있다는 것이죠. 기아가 어린이들에게 미치는 영향은 더욱 심각합니다. 장 지글러의 『왜 세계의 절반은 굶주리는가?』(2016, 갈라파고스)에 따르면 매년 600만 명(약 5초에 1명)이 기아로 사망하고, 이 중 어린이 사망자가 500만 명입니다. 영양 부족으로 시력을 잃는 어린이도 4분에 1명꼴로 발생하고 있다고 합니다.

하지만 장 지글러는 현재 농업 생산량만으로도 120억 명의 인구를 먹여 살릴 수 있다고 말합니다. 예를 들어 2020년 세계 곡물 생산량은 약 28억 톤이었습니다. 전 세계 인구에게 하루 1킬로그램의 곡물을 공급할 수 있는 양이죠. 쌀 1킬로그램이면 밥이 10공기입니다. 여기에 야채, 과일, 생선, 고기 등 다른 식품까지 포함하면 정말 120억 인구가 충분히 먹고도 남을 것 같습니다. 그러면 이렇게 식량이 남는데 많은 사람이 기아에 시달리는 이유는 무엇일까요?

기아의 원인에는 우선 가뭄, 홍수, 태풍 등 자연재해에 의한 것이 있습니다. 하지만 더 큰 이유는 인간이 만들어 내는 구조적 원인들입니다. 우선 다국적 기업들이 대규모 농장을 만들기 위해 자급자족을 하던 농민들의 땅을 빼앗기 때문입니다. 2017년 우간다 키리얀동고 지역의 농민들 수천 명은 다국적 기업들에 의해 농사짓던 땅을 빼앗겼습니다. 소규모 농민들이 자급자족을 위해 옥수수, 고구마, 바나나, 망고를 심고 염소와 돼지를 키우던 곳이 수출을 위한 거대한 사탕수수, 커피 농장이 되었습니다. 이들은 도시 빈민이 되거나 농장의 저임금 노동자로 일할 수밖에 없었습니다. 이들이 버는 적은 돈으로는 음식을 충분히 살 수 없었습니다. 풍요로웠던 곳에는 기아와 영양실조가 만연하게 되었습니다.

이것은 아프리카만의 사례가 아니라 전 세계적 현상입니다. 토지 이용을 조사하는 단체 그레인에 의하면 기업 소유의 대규모 농장은 전 세계 농지의 75%가 넘습니다. 하지만 대규모 농장은 농약과 화학 비료를 과다 사용해 환경에 악영향을 끼치고, 토지를 황폐하게 만듭니다. 이렇게 자원을 많이 사용하기 때문에 소규모 농장에 비해 생산성과 효율성도 떨어진다고 합니다. 지금의 대규모 농장을 소규모 농부들이 경작할 경우 케냐의 농업 생산성은 두 배, 중앙아메리카와 우크라이나의 생산성은 세 배가 될 수 있다는 연구도 있습니다. 이렇게 다국적 기업들이 자급자족하던 소농들의 땅을 빼앗아 수출을 위한 작물을 대량 재배하는 것은 기아의 가장 큰 원인입니다.

소농들이 땅을 빼앗겨도 '식량이 충분하니까 고르게 분배된다면 기아에 시달리는 사람은 없지 않을까?'라고 생각할 수 있습니다. 하지만 현실은 그렇지 않습니다. 현대 사회에서 식량은 사람들의 생존 수단이기 전에 사고 파는 상품이기 때문입니다. 전 세계 곡물 시장은 세계에서 가장 큰 네 개의 다국적 곡물 기업이 70%를 장악하고 있습니다. 이들 기업은 식량이 남아도 가격을 유지하기 위해 식량을 비축하거나 폐기합니다. 전 세계에서 음식물 쓰레기로 버려지는 양은 전체 식량의 3분의 1에 달합니다. 그리고 선진국에서는 버려지는 음식물 쓰레기의 40%는 규격에 맞지 않는다는 이유로 폐기된다고 합니다. 음식으로 만들어 먹다가 남아 버리는 것이 아니라, 수확했지만 작거나 못생겼다는 이유로 시장에 내놓지도 않고 그냥 버리는 작물의 양이 그렇게 많다는 것이죠. 이 식량을 굶고 있는 사람들에게 공급하면 좋겠지만, 그러면 사람들이 식량을 덜 사고 식량 가격이 떨어지게 될 것입니다. 그래서 남는 식량을 버릴지언정 가난한 이들에게 무상으로 공급하거나 싼 가격에 팔지 않습니다. 이렇게 다국적 곡물 기업들이 이윤을 위해 인위적으로 곡물 가격을 올리면 수많은 가난한 사람들은 기아에 허덕이 게 되는 것입니다.

식량 가격이 높아지는 다른 이유로 생각해 볼 수 있는 것은 생산된 식량을 사람이 먹는 것이 아닌 다른 용도로 사용하는 것입니다. 예를 들어 2000년대 이후 옥수수나 콩이 자동차 연료로 쓰이게 되었는데, 2012년 미국에서 생산된 옥수수의 약 40%가 '바이오디젤'을 만드는 데 사용되었다고 합니다. 작물을 연료로 사용해 식량이 부족해지면, 가격이 올라갑니다. 선진국의 환경오염을 줄이기 위한 바이오 연료 재배로 더 많은 사람이 기아선상에 놓이게 되는 것이죠.

더 큰 문제는 가축 사육을 위한 사료용 작물 재배입니다. 선진국의 육식을 위한 가축 사육은 기아뿐 아니라 기후 변화에도 엄청난 영향을 미치고 있는데요, 이에 대해서는 다음 절에 좀 더 자세히 알아보겠습니다.

육식의 비효율성

네팔에서는 새해가 되면 자신이 모시는 신에게 형편에 따라 제물을 바칩니다. 대부분 한두 마리의 닭을 바치는데, 식구가 많은 집이나 부잣집에서는 양이나 염소를 바치기도 합니다. 이 제물은 제사를 지낸 후 집에 가져와 온 가족이 요리를 해서 먹습니다. 네팔은 지금도 할아버지, 할머니부터 손자, 손녀까지 대가족이 모여 사는 집이 많아서 온 식구가 나누어 먹으면 그리 양이 많지 않습니다. 네팔 사람들이 고기를 먹는 일은 매우 드뭅니다. 한두 달에 한번, 명절이나 축제, 잔치 때를 제외하곤 대부분 밥과 약간의 콩, 채소가 곁들여진 채식 식사를 합니다.

우리 식생활은 어떤가요? 한국의 식생활도 예전에는 네팔처럼 특별한 날에나 고기를 먹었지만 지금은 일상적인 일이 되었습니다. 그런데 이렇게 늘어난 육식이 앞에서 살펴본 기아와 기후 변화의 직접적인 원인이 되고 있습니다.

육식의 문제점을 살펴보기 위해 우선 가축이 얼마나 많은지 알아보면 좋을 것 같습니다. 2018년 이스라엘 연구진의 연구 결과에 의하면 지구 상 포유동물을 무게로 계산했을 때 인간이 차지하는 비율은 36%였습니다. 그리고 가축이 차지하는 비율이 60%입니다. 야생 포유류는 모두 합쳐도 4%밖에 되지 않았습니다. 조류의 경우도 인간이 키우는 닭이나 오리 등이 야생 조류의 2.5배가 넘습니다. 이 정도면 인간이 먹거나 우유, 계란을 얻기 위해 키우는 가축이 얼마나 많은지 알 수 있겠죠?

그러다 보니 가축을 키우는 데도 엄청난 넓이의 땅을 사용하고 있습니다. 유엔식량농업기구UNFAO 통계에 따르면 인간이 농사를 위해 사용하는 땅은 세계 육지 면적의 35%에 달하는데요, 이 중

77%가 가축을 키우기 위한 목초지와 사료 생산을 위한 농경지입니다. 인간이 먹기 위한 곡물을 키우는 땅의 세 배 이상을 가축을 먹이기 위한 땅으로 사용하고 있는 것인데, 놀랍게도 이 면적은 세계의 숲을 다 합한 것보다 넓습니다.

그런데 육식은 매우 비효율적입니다. 많은 자원을 소비하지만 생산량은 얼마 되지 않습니다. 가축 사육을 위해 이렇게 많은 땅을 사용하고 있는데도 사람이 음식으로 섭취하는 전체 칼로리의 18%, 단백질의 37%밖에 공급하지 못합니다.

동일한 칼로리를 인간에게 공급하기 위해 얼마나 많은 땅을 필요로 하는지를 살펴보면, 밥 세 공기 정도(1000kcal)의 열량을 공급하기 위해 소고기는 쌀에 비해 150배가 넘는 땅을 필요로 합니다.

육류 생산에는 물도 엄청나게 소모됩니다. 쌀 1킬로그램을 생산하기 위해선 3400리터의 물이 사용되는데, 소고기 1킬로그램을 생산하기 위해선 1만 5500리터의 물이 사용됩니다. 또 소고기 1킬로그램을 생산하기 위해선 25킬로그램의 곡물이 필요합니다.

농장들은 송아지를 불과 2년만에 600킬로그램의 소로 키워 도축합니다. 이렇게 빨리 키우기 위해 엄청난 양의 풀과 사료를 먹입니다. 그러나 이 중 우리가 실제로 먹는 부위는 약 130킬로그램 정도이고 나머지는 모두 버려집니다. 소에게 먹인 양의 단 3%만이 고기로 돌아온다는 연구도 있습니다.

그리고 이렇게 만들어진 고기는 매우 불균등하게 분배됩니다.

2016년 통계에 따르면 미국인이 1인당 연간 90킬로그램 가까운 육류를 소비한 반면, 방글라데시에서는 1인당 2킬로그램이 조금 넘는 육류를 소비했습니다. 미국인들은 방글라데시 사람들의 40배 이상 고기를 먹고 있는 것이죠. 게다가 가난한 나라의 농지를 헐값에 사들인 후, 그곳의 농민들에게 저임금 노동을 시켜 생산한 사료로 키운 가축들은 선진국 사람들이 거의 대부분 소비합니다. 그러므로 육식은 기아의 큰 원인이라고 할 수 있습니다. 가축들에게 먹일 식량을 사람들이 먹는다면 거의 40억 명을 먹일 수 있다고 합니다. 가축들을 대폭 줄이고 사료용 작물 대신 농민들이 자신들이 먹을 것을 직접 생산한다면, 세계의 기아는 사라질지도 모릅니다.

육식은 기아뿐 아니라 기후 변화에도 엄청난 영향을 미치고 있습니다. 우선 늘어난 육식으로 인해 엄청난 면적의 숲이 지속적으로 파괴되고 있습니다. 이것은 '햄버거 커넥션'이라는 용어로 잘 알려져 있는데요, 미국에서 소비되는 햄버거가 중남미 열대우림을 파괴하여 생물 멸종과 기후 변화를 가속화한다는 이야기입니다. 햄버거 때문에 무슨 열대우림이 파괴될까 생각을 할 수 있지만, 미국 내에서만 1년에 소비되는 햄버거 양이 무려 500억 개 정도 됩니다. 이는 일직선으로 배열하면 지구를 32바퀴 돌 수 있는 양이라고 합니다. 이 햄버거에 들어갈 소고기를 주로 중남미에서 생산하는데, 이를 위해 열대우림 숲에 불을 놓고 벌목을 해서 소를 키우기 위한 목초지를 만듭니다. 실제로 지난 10년간 한국 면적 60%에 달

미국 내에서만 1년에 소비되는 햄버거 양은 무려 500억 개 정도 된다.

하는 아마존 열대우림이 사라졌습니다. 이렇게 사라진 숲은 지구의 이산화탄소 흡수 능력을 떨어뜨려 기후 변화를 심화시킵니다.

2009년 비틀스의 폴 매카트니가 제안해 시작된 '고기 없는 월요일' 캠페인에서는 일주일에 하루만 고기를 먹지 않아도 연간 자동차 560킬로미터를 덜 운행하는 효과가 있다고 말합니다.

이렇게 육식은 비효율적일 뿐 아니라 전 세계의 기아와 기후 변화의 직접적인 원인이 되고 있습니다. 먹는 것은 개인의 선택이라고만 생각할 것이 아니라 육식에 대한 진지한 고민이 필요한 시점입니다.

육식에서 채식과 동물 복지 축산으로

육식의 여러 가지 폐해를 보면 채식을 해야겠다는 생각이 듭니다. 하지만 막상 시작하려면 망설이게 되죠. '고기를 하나도 안 먹고 살 수 있을까? 너무 힘들지 않을까? 먹을 게 있을까? 건강에 문제가 생기는 건 아닐까?' 등등 여러 가지 걱정이 생깁니다. 하지만 채식에는 여러 종류가 있습니다.

가장 낮은 단계로는 고기만 먹지 않는 폴로 채식주의자가 있습니다. 그리고 최상위에는 동물성 음식을 전혀 섭취하지 않는 비건 채식주의자가 있죠. 이렇게 여러 가지 단계 중 자신의 의지와 처지에 맞는 것부터 조금씩 실천하면 됩니다. 한국 음식은 멸치 국물로 맛을 내거나 찌개, 국 등에 고기가 들어간 경우가 많아 채식을 실천하기가 쉽지 않습니다. 그래서 덩어리 고기를 먹지 않는 채식부터 시작하는 사람들도 있습니다. 예를 들어 삼겹살, 치킨, 회 등은 먹지 않지만 미역국에 들어간 소고기나 멸치 국물로 맛을 낸 된장찌개 정도는 먹는 거죠. 이러한 채식을 덩어리 고기는 먹지 않는다는 뜻의 '비덩' 채식이라고 부르기도 합니다.

그래도 채식을 시작하기 힘들다면 동물 복지 축산으로 키운 육류를 먹는 방법이 있습니다. 동물 복지 축산은 동물 보호 기본 원칙을 지키는 축산을 말합니다.

그런데 이렇게 동물 복지 축산으로 키운 가축의 고기, 계란, 유제

단계	고기	조류 (닭, 오리)	생선	계란	유제품
비건Vegan vegetarian	X	X	X	X	X
락토Lacto vegetarian	X	X	X	X	O
오보Ovo vegetarian	X	X	X	O	X
락토-오보Lacto-ovo vegetarian	X	X	X	O	O
페스코Pesco vegetarian	X	X	O	O	O
폴로Pollo vegetarian	X	O	O	O	O
플렉시테리언Flexitarian	평소에는 채식을 하고, 특별한 상황에서만 육식				

* 채식의 종류

품은 공장식 축산으로 키운 육류에 비해 비쌀 수밖에 없습니다. 하지만 동물 복지 축산 제품을 먹는 것은 여러 장점이 있습니다. 우선 우리 건강에 해로운 항생제 등 약품을 섭취하지 않을 수 있습니다. 공장식 축산은 밀집 사육을 하기 때문에 가축들이 전염병을 포함한 질병에 노출되기 쉽고 이를 막기 위해 다량의 항생제를 상시적으로 가축들에게 먹입니다.

영국의 최고 의료 책임자 샐리 데이비스 교수는 "항생제 오남용은 테러만큼 위협적인 문제"라고 말하기도 했습니다. 항생제에 의해 몸속의 유익한 균이 죽기도 하고, 항생제에도 죽지 않는 슈퍼바이러스가 나타날 수 있기 때문입니다. 동물 복지 축산으로 키운 가축들은 스트레스가 적고 면역력이 강하기 때문에 사육 시 항생제 등 약품을 훨씬 적게 사용합니다. 당연히 그것을 먹는 사람들의 건

<동물 보호 기본 원칙>

누구든지 동물을 사육·관리 또는 보호할 때에는 다음 각 호의 원칙을 준수하여야 한다.

1. 동물이 본래의 습성과 신체의 원형을 유지하면서 정상적으로 살 수 있도록 할 것
2. 동물이 갈증 및 굶주림을 겪거나 영양이 결핍되지 아니하도록 할 것
3. 동물이 정상적인 행동을 표현할 수 있고 불편함을 겪지 아니하도록 할 것
4. 동물이 고통·상해 및 질병으로부터 자유롭게 할 것
5. 동물이 공포와 스트레스를 받지 아니하도록 할 것

*동물 보호법 제3조

강에도 더 좋겠죠.

두 번째는 성장 호르몬제를 섭취하지 않을 수 있습니다. 공장식 축산의 경우 대부분 사료를 통해 가축들을 키웁니다. 이 사료는 화학 비료로 키운 일부 작물들로만 만들어지는 경우가 많아서 가축들이 균형 잡힌 영양을 섭취하기 어렵습니다. 그렇기 때문에 성장 호르몬제 등을 통해 가축들의 몸집을 빨리 키우고, 우유나 계란의 생산량을 높이게 되죠. 이 성장 호르몬제가 인체에 암, 성조숙증, 불임 등을 초래한다는 연구 결과들이 있습니다. 반면 동물 복지 축산은 호르몬제 등을 사용하지 않고, 자연의 풀, 농사 부산물, 때로는 사용하고 남은 한약재 등으로 가축들에게 다양한 형태의 영양을 공급합니다. 그러니 동물 복지 축산물을 먹는 것이 여러 모로 건강에 유익하다는 것을 알 수 있습니다.

인간이 살기 위해서 다른 생명을 먹어야 하는 것은 어쩔 수 없는 일입니다. 하지만 인간과 같이 고통을 느끼는 존재인 동물들을 공장식 축산과 같은 잔혹한 환경에서 키우는 것은 문제가 있습니다. 가축들이 죽기 전까지는 자신의 본성에 맞게 살다가 죽을 수 있어야 하지 않을까요? 그렇기 때문에 동물 복지 축산물을 먹는 것은 윤리적인 실천입니다. 이제 육식을 하려면 조금 비싸도 동물 복지 축산물을 구입해서, 전보다 적은 양을 먹을 필요가 있습니다. 동물 복지 축산물은 아래와 같은 마크를 통해 확인할 수 있습니다.

2020년 6월 서울시 교육청은 채식 급식 선택제를 도입하기로 했습니다. 채식을 하는 청소년들이 그만큼 많이 늘어났다는 것이죠. 채식 인구는 전 세계적으로 1억 8000만 명이 넘고, 국내 채식 인구도 150만 명으로 지난 10년간 10배나 늘어났다고 합니다. 이렇게 건강과 윤리적 소비, 기후 변화를 생각하는 채식이 음식 문화의 트

동물 복지 인증마크 ⓒ농림축산검역본부

렌드가 되어 가고 있습니다. 여러분도 조금씩, 정 어렵다면 '고기 없는 월요일' 캠페인처럼 일주일에 하루만이라도 고기를 먹지 않는 실천부터 시작해 보는 것이 어떨까요?

오래된 미래 - 유기농

동화책 『똥벼락』에는 돌쇠 아버지 이야기가 나옵니다. 돌쇠 아버지는 30년 동안 머슴으로 일하고 풀 한 포기 자라지 않는 돌밭을 새경 대신 받았습니다. 돌쇠 아버지는 손에 피가 나도록 돌을 골라내고 거름으로 쓸 똥도 열심히 모았죠. 어느 날 잔칫집에 갔다 오다, 똥이 마렵기 시작한 돌쇠 아버지는 참지 못하고 산 중턱에 이르러 똥을 눕니다. 그리고 밭에다 똥을 누지 못한 것이 아까워서 눈물까지 그렁그렁합니다.

우리는 지금까지 육식의 여러 가지 문제점과 기후 변화에 미치는 영향 그리고 채식의 필요성 대해 살펴보았습니다. 그러면 채식만 하면 농업이나 축산업의 온실가스 배출 문제는 해결되는 것일까요? 그렇지는 않습니다. 현재 농업도 에너지의 과다한 사용과 이로 인한 온실가스 배출 문제를 갖고 있기 때문입니다.

산업화 시대 이전의 농업은 순환 농업이었습니다. 예를 들면 탄소는 식물과 동물의 성장과 죽음을 통해 생태계 속에서 순환됩니다. 식물들은 대기 중의 이산화탄소(CO_2)를 흡수하여 광합성을 통해 자신을 성장시킵니다. 탄소는 이 식물(유기물)을 구성하는 원료가 됩니다. 동물들은 식물들을 먹음으로써 탄소를 자신의 몸으로 이동시킵니다. 이 탄소는 동물의 몸을 구성하는 원료로 사용되기도 하고, 호흡을 통해 다시 대기 중으로 배출되기도 합니다. 그리고 동물의 배설물이나 동식물의 사체 속에 들어 있는 탄소는 미생물에 의해 분해되어 다시 식물이 흡수할 수 있는 원소(무기물) 형태로 바뀌게 됩니다. 식물의 성장에 필수적인 질소를 비롯한 다른 원소들도 탄소처럼 생태계 내에서 순환이 이루어집니다.

　산업화 이전 시대에 농업의 성패는 이런 순환을 얼마나 잘 시킬수 있는가에 달려 있었습니다. 우리가 농사가 잘되는 '비옥하다'고 말하는 땅은 바로 순환이 잘되는 땅을 말했습니다. 그리고 순환이 잘되는 땅은 동물의 배설물이나 동식물의 사체, 즉 '유기물'이 풍부해서 이들을 분해하는 미생물이 많은 땅을 말했습니다. 유기물이 미생물에 의해 분해되어 식물의 양분이 되고 이것이 식물을 잘 자랄 수 있게 해주었던 것이죠. 그래서 농부들은 밭에서 식물을 키워서 먹고, 남은 음식이나 그 식물을 먹은 가축과 사람의 똥까지 알뜰하게 모아 밭으로 되돌려 주었습니다. 이렇게 순환을 잘 시키면 밭은 농부들에게 다시 많은 수확물로 보답을 해주었습니다. 그래서 돌쇠 아버지는 산에다 똥을 눈 것을 그렇게 아까워했던 것입니다.

　산업화 이후 화학 비료가 등장하면서 농업은 이전과 달라졌습니다. 식물에게 영양을 공급하기 위해 밭에 똥과 동식물 사체를 넣었던 것과는 달리 이제 적은 양의 화학 비료만으로도 식물에 영양을 공급할 수 있게 된 것이죠. 화학 비료로 인해 인류는 농업 생산량을 획기적으로 증가시킬 수 있었고, 인구도 폭발적으로 늘어났습니다. 하지만 화학 비료의 사용은 여러 가지 문제점을 발생시켰습니다.

우선 땅이 황폐해집니다. 화학 비료를 사용하면 이전과 달리 경작지에 유기물을 많이 투입하지 않게 됩니다. 비유하자면 밥 대신 하루 한 알만 먹어도 살 수 있는 알약이 개발된 것과 같아요. 유기물 투입이 줄면 땅에 미생물이 살지 않아 학교 운동장처럼 단단하고 푸석푸석해집니다. 이런 죽은 땅에는 식물이 자라기 힘들기 때문에 농부들은 어쩔 수 없이 더 많은 화학 비료를 사용해서 작물을 키우는 악순환이 반복됩니다. 화학 비료 사용은 단기적으로는 작물의 생산량을 높이지만 장기적으로는 토양이 황폐해져서 생태계 순환의 고리를 끊습니다.

두 번째 문제점은 생산에 많은 에너지가 들고, 다량의 온실가스가 발생한다는 것입니다. 저명한 질소 연구자인 지펠트 교수는 화학 비료 생산에 현재 세계 화석 연료의 2%가 든다고 말합니다. 화학 비료는 기후 변화에 큰 영향을 끼치는 온실가스인 아산화질소를 다량 배출합니다. 아산화질소는 대기 중에 유입되면 약 120년 동안 존재하고 이산화탄소의 300배에 달하는 온실 효과를 냅니다. 대기 중 아산화질소 농도는 산업화 이전 대비 약 20%가 늘어났는

데, 그중 70%가 화학 비료 사용과 관련이 있는 것으로 추정합니다. 반대로 유기물 퇴비를 사용해 농사를 짓는 유기 농업은 토양을 보호하고 온실가스 배출량을 줄일 수 있습니다. 우리나라의 전북농업기술원에 따르면 화학 비료를 유기물 퇴비로 바꾸었을 때 온실가스가 최고 26%까지 줄어든다는 연구 결과가 있습니다.

이외에도 화학 비료의 질소 성분은 강을 통해 바다로 흘러들어 '데드존'을 형성합니다. 데드존이란 산소량이 적어서 생물이 살 수 없는 저산소 구역을 말하는데, 1960년대 이후 10년마다 두 배씩 늘어나 세계적으로 450군데나 되며, 뉴질랜드 전체 면적과 맞먹는 크기라고 합니다.

토양의 황폐화, 해양 오염, 기후 변화를 막기 위해서는 화학 비료 사용량을 줄여야 하지만 현실은 거꾸로 가고 있습니다. 우리나라의 화학 비료 사용량은 2011년부터 2019년 사이 오히려 13%가 늘어난 것으로 나타났습니다. 1헥타르당 비료 사용량은 268킬로그램으로 미국의 두 배, 캐나다의 3.4배에 달합니다.

화학 비료 사용으로 황폐해지는 땅과 바다를 되살리고 농업 부문의 온실가스 배출량을 줄이기 위해서는 옛 지혜로 되돌아갈 필요가 있습니다. 탄소를 머금은 생명을 순환시켜 땅과 사람을 함께 살렸던 옛 농부들의 지혜가 지금 기후 변화로 위기에 처한 우리들에게 해답이 되고 있는 것입니다. 유기 농업은 우리가 복원해야 할 오래된 미래입니다.

3부
기후 정의를 위해

7

에너지 전환이
뭐예요?

기후 변화의 심각성이 드러나기 시작하면서 석탄, 석유와 같은
화석 연료의 대안으로 핵발전을 옹호하는 목소리가 있습니다. 한
국에서도 전체 발전량의 26% 정도(2019년 기준)를 핵발전이 차지
하고 있습니다. 기후 변화의 대안으로 핵발전을 옹호하는 이들은
우선 핵발전은 온실가스를 배출하지 않는다고 이야기합니다.

핵발전이 값싸고 안전하다고요?

실제로 핵발전은 석유나 석탄처럼 연료를 태우는 것이 아닌 핵

분열 과정에서 생긴 열에너지를 이용하기 때문에 발전 과정에서 탄소가 발생하지 않습니다. 2011년 출간된 『2030 미래 에너지 보고서』라는 책에서는 "전 세계적으로 200개 이상의 신규 원자력 발전소 건설이 예정되어 있거나 검토 중에 있다"면서 "지구 온난화에 대한 우려 때문에 원자력 에너지가 미래의 전력 수급에 중요한 부분을 차지할 가능성은 여전히 충분하다고 볼 수 있다"고 주장하고 있습니다. 국제원자력기구 같은 곳에서는 이산화탄소 배출량이 원자력의 경우 1킬로와트당 10그램으로 석탄 991그램, 석유 782그램보다 압도적으로 낮을 뿐 아니라, 태양광 54그램이나 풍력 14그램보다도 낮다고 홍보합니다.

핵발전을 옹호하는 이들의 또 다른 주장은 핵발전은 저렴하다는 것입니다. 이들은 석탄, 석유, 가스, 재생 에너지 등 모든 발전원과 비교할 때 핵발전이 가장 싸다고 주장합니다. 실제로 한국전력공사 자료에 의하면 핵발전소에서 구입하고 있는 전기가 가장 저렴하긴 합니다. 이와 같은 이유로 〈원자력신문〉 같은 매체에서는 원자력 발전을 기후 변화를 막을 수 있는 "유일한 선택"이라고 주장하기도 합니다.

하지만 여기에는 많은 반론이 있습니다. 핵발전소가 전체적으로 보면 이산화탄소를 적게 발생시키는 것이 아니라는 의견이 있습니다. 우라늄 채굴과 제련, 농축, 가공 등의 과정에 방대한 자재와 에너지가 투입됩니다. 또 원자로 건설은 물론 폐기물 보관과 관리에

고리 핵발전소 ⓒ한국수력원자력

막대한 자재와 에너지가 투입됩니다. 핵발전소를 가동시키기 위해 우라늄 광산, 정련 공장, 변환 공장, 농축 공장, 연료 가공 공장 등의 추가적인 시설이 필요합니다.

또 핵발전소에서 나오는 방대한 양의 온배수가 지구 온난화에 악영향을 미친다는 의견도 있습니다. 핵발전소는 원자로를 냉각시키기 위해 바닷물을 사용하는데요, 1초에 바닷물 70톤을 7도나 상승시킬 정도로 엄청나게 뜨겁습니다. 해수 온도가 상승하면, 바닷물에 용해되어 있던 이산화탄소가 대기 중으로 배출되어 지구 온난화를 가속화합니다. 일본의 고이데 히로아키 교수는 이런 면에서 핵발전소를 발전소라고 부르는 것 자체가 잘못됐다며 '바다 데우기 장치'라고 해야 한다고 비판합니다.

이런 여러 요소들을 고려했을 때 핵발전소의 이산화탄소 배출량은 훨씬 높아집니다. 영국 서섹스 대학의 소바쿨 교수는 2008년 〈에너지 폴리시〉에 기고한 '핵발전으로 인한 온실가스 배출량 평가: 비판적 연구' 논문에 핵발전으로 인한 온실가스 배출량은 풍력 발전(9~10g)과 수력(10g), 태양광(32g)보다 훨씬 높은 1킬로와트당 66그램이라고 밝혔습니다. 이러다 보니 국제에너지기구에서도 지금부터 2050년까지 핵발전소를 매년 32기씩 지어도 이산화탄소 감축은 6%밖에 되지 않을 거로 전망했습니다. 반면 재생 에너지는 21%의 감축 효과가 있을 것으로 예측합니다.

결국 이렇게 핵발전소를 운영하기 위해서는 방대한 양의 이산화탄소가 배출되지만, 우리나라에서는 핵발전을 '친환경적 에너지', '깨끗한 에너지'라고 언론, 출판 매체를 동원해 끊임없이 선전 홍보를 하다 보니 일반 시민들은 그냥 '원자력은 이산화탄소를 배출시키지 않는 깨끗한 에너지'로 믿게 됩니다.

핵발전이 저렴하다는 것에 대해서도 반론이 존재합니다. 우선 핵발전소를 건설하는 데 엄청난 비용이 들어갑니다. 최근 건설 중인 신고리 5, 6호기의 경우 거의 10조 원의 건설 비용이 소요될 것으로 예상합니다.

또 핵발전의 경우 수많은 외부 비용이 존재합니다. 가장 큰 것은 사고가 났을 때의 비용입니다. 핵발전소는 한 번 사고가 나면 수습하는 데 천문학적 비용이 듭니다. 1986년 구소련 체르노빌 핵발전소 사고의 경우 미국 대통령위원회가 추산한 손해 비용은 약 23조원에 이릅니다. 최근에 있었던 일본 후쿠시마 핵발전소 사고의 경우 일본경제연구센터가 집계한 관련 피해 총액은 500~700조에 이릅니다. 2020년 한국 1년 예산이 513조인 것을 감안하면 엄청난 피해액이라는 걸 알 수 있습니다.

핵발전소는 수명이 다하면 해체를 해야 하는데 여기에 또 엄청난 비용이 들어갑니다. 현재 핵발전소 1기당 약 8100억 원의 해체 비용이 들어갈 것으로 예상하는데, 현재 우리나라에서 가동 중인 24기, 영구 정지 2기, 건설 중인 4기까지 총 30기의 핵발전소를 해체하는 데 들어가는 비용은 24조 원이 넘습니다. 그러다 보니 영국의 한 의원은 영국의 핵발전소 해체 비용만으로 태양광 발전을 설치해도 영국 전체에서 필요한 전력의 두 배 가까운 양을 공급할 수 있을 것이라고 주장하기도 했습니다.

이외에도 방사성 폐기물의 사후 처리 비용, 폐기물 처리장 부지 관련 비용, 지역 주민과의 갈등 등 수많은 비용이 발생합니다. 이런 숨은 비용들을 고려했을 때 핵발전이 석탄 화력 발전보다 36%나 비싸다는 연구도 있습니다.

지금까지 살펴본 것처럼 석탄 화력 발전소나 핵발전소는 빠른 시일 안에 재생 에너지로 대체할 필요가 있습니다. 한국 정부도 이러한 흐름에 발맞추어 2034년까지 핵발전의 40%를 가동 중단하고 석탄 화력 발전소 절반을 폐쇄하겠다는 계획을 발표했습니다. 그러면서 한편으로는 해외 석탄 화력 발전소와 핵발전소 건설에 투자하고 참여하는 이중적 태도를 보이고 있습니다. 공기업인 한전이 인도네시아와 베트남 석탄 화력 발전소에 투자를 진행하고 있고, 한수원은 아랍에미리트에 이어 체코와 폴란드 원전 건설을 수주하기 위한 경쟁에 뛰어들었습니다. 이러한 행태는 국내외 환경 단체의 많은 비판을 받고 있습니다. 환경 단체뿐 아니라 한전에 투자한 영국성공회 재무위원회도 "한국전력이 한국에선 탈(脫)석탄에 동참하면서 해외에서는 신규 석탄 발전 사업에 투자하는 비양심적인 태도를 취하고 있다"고 비판했습니다. 한전에 투자한 다른 회사들도 "석탄 화력 발전소 투자를 철회하라"고 요청했습니다.

기후 변화는 세계적인 문제입니다. 한국에만 석탄 화력 발전소나 핵발전소를 짓지 않는다고 해서 해결되는 문제가 아닙니다. 특히 정부 차원에서 탈석탄, 탈핵을 이야기하면서 민간 기업도 아닌 공기업이 해외 석탄, 핵발전에 투자하는 것은 매우 잘못된 일입니다. 전 세계적인 기후 변화를 심화시키는 데 기여할 뿐만 아니라, 해당 국가 국민들에게 심각한 환경 피해를 끼치는 일이니까요. 우리 국민들이 이러한 문제에 더욱 관심을 가지고 정부에 비판적인 목소리를 낼 필요가 있습니다.

자동차의 온실가스 배출을 어떻게 줄일까?

온실가스 배출을 줄여야 하는 또 하나의 중요한 부문은 운송 부문입니다. 2016년 기준으로 운송 부문의 온실가스 배출량은 전체의 16.2%를 차지합니다. 전 세계에서 사용되는 석유의 60% 이상이 운송에 사용되고 있죠. 그리고 운송 부문의 온실가스 배출량 중도로 교통에서 발생하는 양이 73.5%로 가장 높습니다. 즉 자동차에서 배출되는 온실가스 양을 어떻게 줄일 것인가가 중요한 과제라는 것입니다.

자동차의 온실가스를 줄이는 방법은 여러 가지로 연구되어 왔습니다. 우선 자동차의 효율을 높이는 방법이 있습니다. 하이브리드 차량과 같이 연료를 덜 소모하는 효율적인 엔진과 변속 시스템을 사용하고, 자동차의 무게를 줄이고, 공기 저항을 줄인 디자인을 개발하는 것입니다. 연구자들은 이러한 효율화를 통해 현재 승용차의 평균 연료 소비량을 절반까지 줄일 수 있다고 전망합니다. 두 번째는 수소나 전기 등 다른 에너지원을 사용하는 것입니다. 수소차나 전기 차는 운행 시 온실가스를 발생시키지 않습니다. 수소 차의 경우 미세 먼지를 정화하는 효과도 있다고 하니 일석이조라는 생각이 들기도 합니다.

하지만 위와 같은 기술적인 방법들은 모두 문제를 안고 있습니다. 수소 차는 연료를 천연가스에서 추출합니다. 이 과정에서 추출한 수소의 여덟 배가 넘는 이산화탄소가 배출됩니다. 이것을 고려하면 수소 차는 휘발유 차에 비해 16%의 온실가스 개선 효과밖에 없다고 합니다. 전기 차는 연료인 전기를 무엇으로 생산하는가에 따라 달라집니다. 태양광이나 풍력 같은 재생 에너지에 의해 만들어진 전기로 자동차를 운행할 경우 친환경적인 운송 수단이겠지만, 석탄 화력 발전소와 같이 온실가스 배출이 많은 발전 방식을 통해 만들어진 전기를 사용한다면 친환경적인 운송 수단이 될 수 없습니다. 수소 차나 전기 차가 휘발유 차에 비해 온실가스를 덜 발생시키는 것은 맞지만, 진정한 친환경 차가 되기 위해선 연료를 추출하는 방식이나 전기를 생산하는 방식이 모두 친환경적으로 바뀌어야 할 필요가 있는 것입니다.

자동차의 에너지 효율을 높이는 것도 좋지만 문제는 자동차가 끊임없이 늘어난다는 것입니다. 2017년 기준 세계적으로 한 해 9800만 대가 넘는 자동차가 생산되었고, 13억 대가 넘는 자동차가 운행되고 있습니다. 이는 10년 전에 비해 40% 이상이 늘어난 수치입니다. 이런 추세라면 향후 10년간 최소 9억 대 이상의 자동차가 생산된다는 것인데 그러면 아무리 에너지 효율을 높여도 온실가스를 줄일 수가 없습니다. 자동차 생산 과정에서도 엄청난 양의 온실가스가 발생(전체 온실가스의 약 9%)하기 때문이죠. 자동차의 에너지 효율도 중요하지만 생산과 운행 자체를 줄이는 것이 더 중요합니다.

자동차를 줄이는 방법으로는 우선 차량 공유 서비스가 있습니다. 실제로 미국인의 평균 자동차 사용 시간은 하루 두 시간 정도밖에 되지 않는다고 합니다. 90% 이상의 시간은 그냥 주차장에 차를 세워 놓는 것이죠. 공유 서비스를 이용하면 이렇게 세워 놓은 차들을 이웃이 이용할 수 있습니다. 만약 자율 주행 시스템이 도입된다면 차량 공유는 더욱 쉬워질 것입니다. 내가 쓰고 싶은 시간에 공유 차량을 부르면 바로 집 앞에서 이용할 수 있을 테니까요. 이렇게 될 경우 차량 판매 대수는 15분의 1까지 줄어들 것이라고 합니다. 그러면 지금 자동차 생산 과정에서 배출되는 온실가스를 많이 줄일 수 있을 것입니다.

자동차 이용이 편리해진다면 더 많이 이용하게 될 가능성도 있습니다. 그래서 더욱 필요한 일은 대중교통 중심으로 도시를 설계하는 것입니다. 브라질의 쿠리치바 시는 대중교통 중심 도시의 좋은 사례입니다. 쿠리치바 시는 버스 전용 차선과 환승 터미널을 효율적으로 설계해서 버스가 지하철 수준의 속도로 운행할 수 있게 했습니다. 또 버스 노선을 중심으로 고층 건물과 주요 공공 기관을 배치해 시민들이 도심까지 나가지 않아도 쇼핑이나 의료, 행정 서비스를 받을 수 있게 했습니다. 이런 시책으로 쿠리치바 시는 비슷한 규모의 다른 도시보다 교통량을 30% 이상 줄일 수 있었습니다.

하지만 지금의 기후 위기를 생각하면 쿠리치바 모델로도 부족하다는 느낌이 듭니다. 그래서 도시 내에서 자동차를 이용할 필요가 없게끔 도시를 설계해야 한다는 의견들이 많습니다. 독일 프라이부르크의 경우 '파크 앤 라이드Park & Ride' 시스템을 기본으로 하여 자동차는 시내 외곽에 주차하고 트램이라고 부르는 전차나 자전거를 이용하여 도심에 진입하도록 계획했습니다. 시 전체에는 500킬로미터에 달하는 자전거 도로를 만들고, 트램 노선과 주거 지역을 가깝게 연결했습니다. 또한 대부분 도로에서 자동차의 주행 속도를 시속 30킬로미터가 넘지 않도록 제한하고 주차 요금을 강화했습니다. 대신 중앙역 옆에는 약 1000대의 자전거를 보관할 수 있는 자전거 보관소 '모빌레'를 설치하여 사람들이 편리하게 이용할 수 있게 했습니다. 주민들이 자동차보다 자전거나 트램이 편리하다고 느끼도록 세밀하게 계획한 것이죠. 그러다 보니 프라이부르크는 자전거 교통 분담률이 35%로 20%인 자동차보다 높다고 합니다. 캐나다 밴쿠버의 경우도 도로 설계 시 1번은 도보, 2번은 자전거, 3번은 대중교통, 마지막으로 자동차를 염두에 두고 설계한다고 합니다. 그 결과로 지난 20년 동안 밴쿠버의 인구는 수만 명이 늘었지만 자동차는 오히려 줄었다고 합니다.

 이런 흐름은 점차 확대되고 있는데요, 프랑스 파리도 시내 전역의 자동차 속도를 30킬로미터로 제한하고, 노상 주차장의 4분의 3을 없애고, 자전거 도로와 보도, 녹도(녹지 도로)를 조성하겠다고 발표했습니다. 또 집과 일터와 학교를 15분 안에 오가는 15분 도시 프로젝트를 진행하겠다고 합니다. 파리를 자동차의 도시가 아

환경 운동가들이 펼치는 전국 자전거 캠페인. ⓒ연합뉴스

닌 사람의 도시, 보행과 자전거, 대중교통 중심의 생태 도시로 바꾸 겠다는 강력한 선언인 것입니다. 프랑스에서는 파리뿐 아니라 마 르세유, 낭트 등 여러 도시에서도 생태와 환경을 강조하는 혁신 시 장이 당선되어 변화를 추구하고 있다고 합니다. 이렇게 자동차 중 심의 생활 문화를 변화시키기 위해선 자신의 집에서 도보나 자전 거로 갈 수 있는 거리에 일터와 학교, 시장과 공공 기관, 휴식을 위 한 공원과 문화 시설이 적절히 위치하도록 도시를 재설계할 필요 가 있습니다. 장거리 통근과 통학 인구를 대폭 줄이고, 지역 생활권 내에서 생활에 필요한 여러 가지 일들을 해결할 수 있게 해야 교통 부문의 온실가스를 획기적으로 감축할 수 있는 것이죠.

마지막으로 자동차 운행을 줄이는 강력한 조치로 운전한 만큼 돈을 내게 하는 방법을 생각해 볼 수 있습니다. 실제로 미국의 여 러 주들은 '주유 시 보험료 지불' 정책을 고려하는 중이라고 합니 다. 주유하는 기름의 양에 비례하여 할증 보험료를 붙이는 것이 죠. 이렇게 되면 주유비가 훨씬 비싸지게 되어 실제로 자동차 운행 을 줄이는 효과가 있을 것으로 예상합니다. 또 도심 내 주차 공간 을 줄이고 비싼 주차료를 물리는 방법도 있습니다. 덴마크 코펜하 겐의 경우 매년 3%씩 도심 주차 공간을 줄여 나가고 있습니다. 앞 서 살펴본 캐나다 밴쿠버는 도심 내 주차 공간에 세금을 매기는 것 을 고려 중입니다. 도심이나 기타 혼잡한 지역에 진입하는 자동차 운전자에게 혼잡 통행료를 내게 하는 방법도 있습니다. 영국 런던의 경우 2003년부터 혼잡 통행료를 징수하고 있는데 런던 중심부로 진입하는 자동차는 11.5파운드(약 1만 7000원)를 내야 합니다. 만약 혼잡 요금을 지불하지 않을 경우 벌금은 150파운드(약 22만 원)에 이릅니다. 런던은 정책 시행 뒤 교통량이 14~18%, 오염 물질이 15% 줄었다고 합니다. 노르웨이 오슬로도 2005년부터 혼잡 통행료를 도입했는데 차량 종류에 따라 5~17유로(6500원~2만 2000원)를 부과합니다. 정책 시행 뒤 승용차 수송 분담률은 10% 이상 줄고, 대중교통의 수송 분담률은 10% 이상 늘어나는 효과를 거두었습니다.

한국의 경우도 자동차 운행을 줄이기 위한 여러 가지 노력이 필요합니다. 아울러 도시 자체를 보행, 자전거 중심의 도시로 리모델링해 가는 노력이 병행되어야 합니다.

도시의 탄소 중립

온실가스 배출량을 줄이기 위한 또 다른 중요한 과제는 탄소 중립 도시를 만드는 것입니다. 탄소 중립이란 우리가 배출하는 온실가스 양과 흡수하는 양이 같아져 실제로 온실가스를 배출하지 않는 것과 같은 상황이 되는 것을 말합니다. 영어로는 '넷제로'라고 하죠. 기후 변화에 관한 정부 간 협의체는 지구 평균 기온 상승을

1.5도 이하로 유지하기 위해선 2050년까지 탄소 중립을 이루어야 한다고 발표했습니다. 얼마 전 한국 정부도 2050년까지 탄소 중립을 달성하겠다고 선언했습니다.

목표를 이루려면 도시의 탄소 중립이 달성되어야 합니다. 도시는 전체 육지 면적의 1%밖에 되지 않습니다. 하지만 전 세계 인구의 54%가 도시에 거주하고 있으며, 에너지의 75%를 소비하고, 온실가스의 80%를 배출합니다. 이렇게 도시가 차지하고 있는 면적은 얼마 안 되지만 기후 변화에 끼치는 영향은 막대합니다. 그래서 많은 도시가 탄소를 배출하지 않는 탄소 중립 도시를 목표로 도시를 바꾸어 가고 있습니다. 탄소 중립 도시를 위해선 무엇이 필요할까요? 우선 온실가스 배출량을 줄이기 위해 에너지 사용을 대폭 줄이는 것이 필요합니다. 그리고 사용하는 에너지는 화석 연료가 아닌 재생 에너지를 사용해야 합니다. 마지막으로 배출된 온실가스를 더 많이 흡수할 수 있게 해야 합니다.

그러면 도시에서 온실가스 배출량을 줄이기 위해선 어떤 것이 필요한지 살펴볼까요? 우선 도시가 효율적으로 배치되어 있어야 합니다. 앞에서 살펴본 것처럼 거주지, 쇼핑센터, 학교나 공공시설, 문화 체육 시설 등이 걷거나 자전거로 이동할 수 있는 거리에 집중되어 있을 필요가 있습니다. 사람들이 굳이 차를 타지 않아도 필요한 활동을 할 수 있도록 도시가 설계되면 자동차 운행으로 인한 탄소 배출량을 줄일 수 있습니다. 그리고 대중교통 역 중심으로 도시의 중요 시설을 배치해야 합니다. 그래야 사람들이 장거리 이동 시 차보다는 대중교통을 이용하게 될 것입니다. 또 도시를 조성할 때 바람길을 고려하는 것도 중요합니다. 도시 곳곳이 바람이 잘 통할 수 있게 설계하면 도시의 열섬 효과를 막아 에너지를 절감시킬 수 있을 뿐 아니라 자연적인 공기 정화 효과도 높아집니다.

도시에서 온실가스 배출량을 줄이기 위해 또 필요한 것은 건물을 에너지 절감형으로 만드는 것입니다. 빌딩은 세계 에너지 소비의 40%, 온실가스 배출의 21%를 차지한다고 합니다. 건물들은 채광과 난방을 위해 햇빛을 최대한 받을 수 있고, 단열 효과가 크도록 설계될 필요가 있습니다. 자연통풍 효과가 크도록 하고, 열 손실이 많은 옥상이나 벽면은 녹화를 할 필요가 있습니다. 이러한 조치들은 모두 냉난방 에너지를 절감하는 효과를 가져옵니다.

다음으로 필요한 것은 도시에 재생 에너지를 공급하는 것입니다. 우선 전기는 태양광 발전과 풍력 발전을 이용해서 생산할 필요가 있습니다. 그러기 위해선 건물을 지을 때부터 태양광 패널을 설치할 것을 고려해야 합니다. 고층 건물의 경우는 건물 사이로 부는 바람을 이용한 풍력 발전이 가능합니다. 난방이나 온수 공급은 태양열 시스템을 적용할 수 있습니다. 공공 청사나 학교 등 대규모 공공시설에는 지열 난방 도입도 가능하고, 도시 하수에서 발생하는 가스나 쓰레기 소각장의 열을 활용한 난방도 가능합니다. 이렇게 가능한 모든 방법을 활용해 화석 연료에서 나오는 에너지를 대체할 필요가 있습니다.

　마지막으로 도시에서 배출되는 온실가스를 흡수해야 합니다. 이것은 도시 내에 생태적 공간을 조성함으로써 가능합니다. 거주지와 시설을 밀집해서 짓는 대신 녹지를 늘리고 생물의 서식 공간을 확보해야 합니다. 하천의 경우도 가급적 자연 그대로의 모습을 지닐 수 있게 해서, 하천을 따라 녹지가 확보될 수 있게 해야 합니다. 이러한 녹지는 온실가스를 흡수할 뿐 아니라 기후를 조절하고, 대기의 질을 개선하고, 물을 순환시키는 등 다양한 역할을 합니다.

　이렇게 많은 일이 필요하다 보니, '탄소 중립 도시를 만드는 것이 가능한 일인가?' 하는 생각이 들기도 합니다. 하지만 실제 사례들이 있습니다. 가장 처음 시도한 마을로 알려진 곳은 2002년부터 탄소 중립을 위해 노력하고 있는 영국의 베드제드입니다. 베드제드의 모든 주택은 남향으로 지어졌고, 태양 에너지 활용을 극대화한 형태입니다. 고기밀, 고단열 설계로 지어졌고, 에너지 소비를 최소화하는 자연 환기, 냉난방 시스템을 갖추고 있죠. 또 거주 공간과 사무 공간을 근거리에 배치해 차량 운행을 최소화하고 있습니다. 모든 건물의 옥상에는 태양광 패널이 설치되어 있고, 단지 한쪽에는 바이오 연료를 사용하는 열 병합 발전기가 있어서 모자라는 전력을 보충합니다. 이뿐만 아니라 태양광을 이용해 전기 자동차 충전소를 운영하고 있습니다. 또 마을의 남는 공간과 옥상, 테라스 등도 최대한 녹화하여 온실가스를 흡수하고 있습니다. 영국은 이 베드제드를 모델로 전국에 '에코타운'을 만들어 가는 계획을 2007년부터 실행하고 있습니다. 영국뿐 아니라 아랍에미리트에 위치한 마스다르, 중국의 동탄 등도 탄소 중립을 목표로 만들어지고 있는 도시입니다.

그런데 새로 만들어지는 도시는 탄소 중립이 가능하지만 기존의 도시는 불가능하지 않을까 하는 생각이 들기도 합니다. 도시 자체가 에너지를 덜 소비하게끔 꼼꼼히 설계되지 않았기 때문이죠. 하지만 인구 100만 명 이상의 대도시들 중에도 탄소 중립을 목표로 노력하고 있는 곳이 많습니다. 예를 들어 미국의 로스엔젤레스는 2045년까지 도시의 에너지를 100% 재생 에너지로 공급하겠다는 목표를 갖고 있습니다. 신축 건물은 무조건 탄소 배출 제로 건물을 짓도록 하고, 2050년에는 모든 건물이 탄소 배출 제로 건물이 되도록 하겠다는 계획도 발표했죠. 영국의 런던도 2050년에는 모든 차량의 탄소 배출이 제로가 되도록 하겠다는 계획을 발표했습니다. 프랑스 파리도 건물의 에너지 효율을 높이고, 재생 에너지를 확대하여 2050년까지는 100% 재생 에너지로 전환을 이루려는 목표를 갖고 있습니다. 자동차도 화석 연료를 사용하는 자동차를 완전히 퇴출시키겠다는 계획을 갖고 있고요. 이외에도 뉴욕, 포틀랜드, 오슬로, 스톡홀름, 코펜하겐, 베를린 등 많은 도시들이 빠른 시일 내에 최소 80% 이상 온실가스를 줄이겠다는 계획을 발표하고 실행에 옮기고 있습니다.

이런 세계적인 흐름에 비해 한국 도시들의 움직임은 아직 미미합니다. 탄소 중립 도시 건설은 단기적인 사업이 아니라 도시의 시스템과 시민들의 삶의 태도를 바꾸어 가는 거대한 프로젝트입니다. 그래서 앞에서 언급한 대부분 도시들은 30년 정도의 장기 계획으로 만들어 가고 있습니다. 한국도 장기적인 계획과 투자가 필요할 것 같습니다.

8

탄소 중립을 위한 정책에 대해 알려 주세요

기후 변화가 심각해지고 기후 협약을 지키기 위해 온실가스 배출량을 줄여야 할 상황이 되자, 온실가스를 많이 배출하고 있는 세계 여러 국가들은 어떻게 하면 온실가스를 줄일 수 있을지 고민하고 있습니다. 특히 온실가스의 대부분을 배출하고 있는 기업들이 온실가스를 줄이도록 하는 것이 중요한 과제입니다. 온실가스 배출을 줄이는 방법으로 많은 국가들이 선택하고 있는 방법에는 크게 두 가지가 있습니다. 하나는 온실가스 배출권 거래제이고, 다른 하나는 탄소세입니다.

온실가스 배출권과 탄소세

온실가스 배출권 거래제는 국가가 기업에게 배출할 수 있는 온실가스의 총량을 정해 주는 것입니다. 그것을 배출권이라고 하며 기업은 대개 배출하는 이산화탄소, 메탄, 아산화질소 등 온실가스 1톤당 하나의 배출권을 할당받습니다. 기업들은 할당받은 배출권이 부족할 경우 다른 기업에게 배출권을 살 수도 있고, 배출권이 남을 경우 다른 기업에 팔 수도 있습니다. 예를 들어 볼까요? 같은 규모의 기업 A와 B가 있다고 해 봅시다. 두 기업 모두 정부로부터 1년에 100톤의 온실가스를 배출할 수 있는 배출권을 할당받습니다. 그런데 A 기업은 온실가스를 많이 배출해서 연간 120톤의 온실가스를 배출할 것이 예상됩니다. 그러면 초과한 20톤만큼 벌금을 내야 하죠.

반면 B 기업은 온실가스를 적게 배출하기 위해 노력해서 온실가스를 80톤만 배출할 것이 예상됩니다. A 기업이 벌금을 내지 않기 위해서는 B 기업의 남는 20톤의 배출권을 사서 120톤을 배출해야 합니다. B 기업은 배출권을 팔아서 이익을 보게 됩니다. 만약 기업들이 온실가스를 많이 배출한다면 배출권을 서로 사려고 할 것이고, 그러면 배출권 가격이 올라갈 것입니다. 그렇다면 온실가스를 적게 배출하는 기업은 배출권을 팔아 많은 이익을 볼 수 있을 것입니다. 이렇게 되면 서로 온실가스를 적게 배출하려 노력하겠죠? 온실가스 저감 기술에 투자도 하고요. 온실가스 배출권 거래제는 이렇게 배출권의 거래를 통해 기업들의 온실가스 배출량을 줄이겠다는 정책입니다. 온실가스 배출권 거래제는 유럽의 17개 국가들과 미국의 캘리포니아 주, 중국의 상하이, 베이징 등 7개 지역, 뉴질랜드 등에서 시행 중입니다. 한국에서도 2015년부터 온실가스 배출권 거래제를 시행하고 있습니다.

탄소세는 정부가 탄소 배출량에 대해 세율을 정하고 세금을 내게 하는 것입니다. 예를 들어 정부에서 이산화탄소 1톤당 1만 원으로 탄소세를 정했다면 앞에서 살펴본 A 기업은 120톤을 배출했으므로 120만 원, B 기업은 80톤을 배출했으므로 80만 원의 탄소세를 내게 됩니다. 기업들은 탄소세를 덜 내기 위해 온실가스 저감 기술에 투자하는 등 온실가스를 줄이기 위해 노력할 것입니다. 탄소세는 마치 전기 요금이나 수도 요금처럼 온실가스를 배출하는 만큼 요금을 내게 해, 기업들의 온실가스 배출량을 줄이겠다는 정책입니다. 탄소세는 북유럽을 중심으로 한 유럽의 15개 국가들과 캐나다, 멕시코, 아르헨티나 등 아메리카 대륙 국가들, 일본, 싱가포르 등 아시아 국가들도 채택하고 있습니다. 또 유럽의 15개 국가들과 일본의 도쿄 등은 배출권 거래제와 탄소세를 함께 시행하고 있기도 합니다.

온실가스 배출권이 더 나은가 탄소세가 더 나은가에 대해서는 논쟁이 있습니다. 온실가스 배출권 거래제를 옹호하는 이들은 온실가스 배출권 거래제를 통해 더 확실히 온실가스를 줄일 수 있다고 주장합니다. 정부에서 온실가스를 배출할 수 있는 총량을 정할 수 있기 때문입니다. 반면 탄소세를 옹호하는 이들은 배출권 거래제는 복잡할 뿐 아니라 거래 시장을 운영하고 감시하는 등의 행정 비용이 들어간다고 비판합니다. 또 징수한 탄소세를 저탄소 기술 개발. 청정에너지 시설 건립 등에 사용하여 온실가스 배출량을 줄여 갈 수 있다고 주장합니다. 하지만 온실가스 배출권 거래제이든 탄소세이든 중요한 것은 "실제로 온실가스 배출량을 줄일 수 있는가?"일 것입니다.

온실가스 배출권 거래제나 탄소세를 시행해도 온실가스를 줄일 수 없는 경우는 어떤 경우일까요? 우선 온실가스 거래제에서 온실가스를 정해진 배출권 이상 배출했을 때 내야 하는 벌금이 그다지 크지 않다면 기업들은 온실가스 배출량을 줄이려고 하지 않을 것입니다. 온실가스 배출량을 줄이기 위해 새로운 기술에 투자하는 것보다 벌금을 내는 것이 더 이득일 테니까요. 또 정부에서 온실가스 배출권을 너무 많이 할당한다면 어떻게 될까요? 그러면 온실가스 배출권이 남아돌고 가격이 폭락하면서 기업들은 온실가스를 줄이기보다 온실가스 배출권을 사서 온실가스 배출 문제를 해결하려고 할 것입니다.

반대로 온실가스 배출권 가격이 계속 올라간다면 어떤 일이 벌어질까요? 기업들이 남는 온실가스 배출권을 팔기보다 가격이 더 올라갈 것에 대비해 그냥 저축해 놓는 일이 생길 수 있습니다. 배출권이 너무 비싸고 살 수도 없으면 온실가스 배출권 거래제가 시행되지 않는 다른 국가로 공장을 이전할 수도 있죠. 또 온실가스 배출권 거래제가 잘 작동하기 위해선 기업들이 얼마나 온실가스를 배출하고 있는지 정확히 측정할 필요가 있는데 이 또한 쉽지 않고 비용이 많이 들어가는 일입니다. 이렇게 온실가스 배출권 거래제는 여러 가지 문제점을 갖고 있습니다.

온실가스 배출권 거래제의 문제점은 현실에서도 발생하고 있습니다. 유럽의 경우 기업의 해외 이전을 막고 거래제에 참여를 높이기 위해 너무 많은 배출권을 공짜로 기업들에게 나누어 주었습니다. 그 결과로 배출권 가격이 폭락했습니다. 이렇게 되면 당연히 온실가스 감축 효과가 떨어집니다. 실제로 2010년대 유럽의 배출권 가격이 하락하면서 석탄 소비 감소세가 둔화되었다는 연구 결과도 있습니다.

한국의 경우는 2017년 온실가스 배출권 가격이 약 8000원에서 약 2만 6000원으로 급등하는 일이 발생했습니다. 그만큼 기업들이 온실가스를 많이 배출했다는 이야기죠. 그러자 많은 기업이 온실가스 배출권을 탄소 시장에 내놓지 않고 가지고만 있었습니다. 팔았다가 배출권 가격이 더 올라가면 손해를 볼 수도 있으니 배출권을 팔지 않은 것입니다. 탄소를 많이 배출한 기업들은 온실가스 배출권을 사고 싶어도 살 수가 없었습니다. 기업들은 정부에 불만을 터뜨렸고, 정부는 탄소 시장을 안정화하겠다면서 기업들에게 배출권을 추가로 할당했습니다. 사실상 기업들이 온실가스를 더 배출할 수 있게 허가한 것입니다. 상황이 이렇다 보니 한국에서 배출권 거래제를 통한 온실가스 저감 효과는 미미한 것으로 나타나고 있습니다. 실제로 한국의 온실가스 배출은 2014년 6억 4810만 톤에서 2018년 7억 2760만 톤으로 증가했는데 이것은 OECD 국가 중 가장 빠른 증가율이었습니다. 2015년부터 온실가스 배출권 거래제를 시행했지만 온실가스 배출량을 줄이지는 못한 것입니다.

온실가스 배출권 거래제에 이런 문제가 있다 보니 탄소세를 도입해야 한다는 주장도 있습니다. 탄소세를 옹호하는 이들은 탄소세를 기후 변화의 가장 효과적인 대책으로 평가하는데, 미국 컬럼비아 대학교 글로벌에너지정책센터는 미국이 2020년부터 탄소 배출 1톤당 세금 50달러를 매기고 매년 2%씩 인상하면, 2025년에는 2005년에 비해 탄소 배출량을 최대 46%까지 줄일 수 있다고 전망하기도 했습니다.

하지만 탄소세도 온실가스 배출권과 비슷한 형태의 문제점을 갖고 있습니다. 만약 온실가스 배출에 부과되는 탄소세가 너무 낮다면 기업들은 온실가스 배출량을 줄이려는 노력을 별로 하지 않을 것입니다. 스웨덴은 1991년 탄소세를 도입했지만 세율이 너무 낮아서 배출량 감축 목표를 달성하지 못했습니다. 그래서 2000년 이후 본격적으로 세율을 인상하기 시작했고, 2016년 톤당 100유로 정도로(산업용과 가정용에 약간의 차이 있음) 탄소세를 대폭 높이는 조치를 취해서 26%의 온실가스 감축에 성공했습니다. 핀란드도 1990년 탄소세 도입 당시에는 이산화탄소 1톤당 4.1유로의 탄소세를 부과했지만, 2017년에는 톤당 약 60유로로 인상했습니다. 이렇게 유럽의 많은 국가들은 탄소세를 통해 온실가스 감축에 성공하고 있습니다. 하지만 이것은 모범적인 몇몇 국가들의 사례이고, 2019년 탄소세를 도입하고 있는 50여 개국의 탄소세 평균은 2달러 정도라고 합니다. 이렇게 낮은 탄소세로는 기업들이 탄소 배출량을 줄이려는 노력을 하지 않을 것입니다. 그래서 얼마 전 국제통화기금IMF은 기후 변화에 대처하기 위해서는 2030년까지 탄소세를 톤당 75달러까지 올려야 한다고 발표했는데, 이것을 보면 현재 탄소세가 얼마나 낮은 수준인지 알 수 있습니다.

때로 탄소세는 국민의 반발을 불러오기도 합니다. 탄소세는 원칙상 탄소를 배출하는 모든 이들에게 부과되기 때문에 기업뿐 아니라 일반 시민들, 특히 수입이 적은 저소득층에게 부담이 됩니다. 그래서 2018년 프랑스는 탄소세를 인상하려다가 국민들의 반대에 부딪혀 인상안을 철회하기도 했습니다. 이는 온실가스 배출권에도 발생할 수 있는 문제입니다. 기업들이 배출권을 구입하는 데 들어간 추가 비용을 제품에 반영하면 소비자의 부담이 커지겠죠. 그래서 온실가스 배출권이나 탄소세로 인해 취약 계층이 피해를 보지 않게 보호하는 정책이 필요합니다. 스웨덴은 탄소세를 인상하면서 저소득층과 중산층의 소득세를 인하했습니다. 스위스는 징수한 탄소세를 모든 국민에게 균등하게 되돌려주는 생태 배당 제도를 시행하고 있습니다. 이렇게 되면 에너지를 아낀 기업이나 개인은 적은 탄소세를 내고 많은 생태 배당을 받아 이익을 봅니다. 에너지를 아낄 이유가 충분해지겠죠?

이렇게 온실가스 배출권 거래제와 탄소세는 모두 현실적인 문제점을 갖고 있습니다. 온실가스 배출량을 줄이는 데는 배출권 거래제보다 탄소세가 나은 정책이라는 평가가 있고, 많은 환경 단체들이 탄소세를 지지하고 있지만, 살펴본 것처럼 탄소세가 만능은 아닙니다. 실제로 기업과 개인이 온실가스 배출량을 줄이고, 에너지를 아끼기 위해 노력할 만큼 충분히 세율이 높아야 하고, 이로 인해 취약 계층이 피해 보지 않도록 하는 보호 대책이 필요합니다. 온실가스 배출을 많이 하는 기업이 탄소세가 없는 국가로 공장을 이전하는 일도 벌어질 수 있기 때문에, 탄소세가 지금보다 더 많은 나라에서 시행되게 해야 합니다. 또, 생산 과정에서 지나치게 많은 온실가스를 배출한 제품은 수입을 금지한다거나. 제품 가격에 온실가스 배출량이 반영되도록 하는 탄소 국경세와 같은 조치도 필요합니다.

하지만 온실가스 배출권 거래제와 탄소세에는 더 근본적인 문제점이 있습니다. 온실가스 배출권이란 '온실가스를 배출할 수 있는 권리'를 말합니다. 즉 '일정량의 온실가스를 배출하여 지구 대기를 오염시킬 수 있는 권리'를 주는 것이죠. 그런데 과연 기업이나 개인에게 지구를 오염시킬 합법적인 권리가 주어지는 것이 타당한 일일까요? 다른 말로 하면 이것을 '상품화' 또는 '시장화'라고 할 수 있는데요, 배출권 거래제는 자연물인 대기를 오염시킬 수 있는 권리를 상품화하여 시장에서 사고팔게 만든 것이라고 볼 수 있습니다. 그래서 이렇게 자연을 상품으로 취급하면서 '대기를 오염시키는 그릇된 행위를 할 수 있는 권리'를 배출권이라는 형식으로 합법화하는 것이 옳은가라는 윤리적, 도덕적 비판이 제기되고 있습니다. 이것은 탄소세의 경우도 마찬가지입니다. 탄소세는 지구를 오염시킨 만큼 돈을 내는 것이지만, 반대로 생각하면 돈을 내면 지구를 오염시킬 수 있다는 뜻이기 때문입니다.

그래서 마이클 샌델과 같은 학자는 자연을 돈으로 환산할 수 있다는 것에 대해 윤리적으로 문제가 있다고 지적합니다. 예를 들어 인간을 상품으로 취급하였던 노예 제도의 끔찍함은 인간의 존재 가치 자체를 인정하지 않는 반인륜적 태도에서 비롯되는 것이라고 샌델은 이야기합니다. 우리는 인간의 존엄성을 인정하기에 아무리 많은 돈을 내더라도 살인이나 학대가 합법화되지는 않습니다. 이것은 자연에 대해서도 마찬가지가 되어야 하지 않을까요? 만약 기업이나 개인이 허용된 이상의 온실가스를 배출하는 것이 '불법'이 된다면 우리는 기후 위기를 훨씬 빨리 극복할 수 있을지 모릅니다.

온실가스 배출권 거래제나 탄소세는 실제 온실가스 배출량을 줄일 수 있도록 실행되어야 합니다. 하지만 근본적으로 중요한 것은 우리 인식의 변화일 수 있습니다. 단지 '온실가스를 배출하면 돈이 들어가니 좀 아껴야겠다'라는 정도로는 현재의 심각한 기후 위기를 해결하기 어려울 것입니다. 대기는 잘게 쪼개서 상품화할 수 있는 물건이 아닙니다. 모든 생명의 바탕이며, 생태계의 중요한 요소입니다. 대기가 우리의 삶을 지탱하는 중요한 공공재임을 인식하고, 온실가스를 배출하거나 대기를 오염시키는 것이 인간의 삶뿐 아니라 전체 지구 생태계를 위협하는 일이라는 것을 깊이 깨달을 때 기후 위기를 근본적으로 해결할 수 있을 것입니다.

그린 뉴딜이란?

정부는 2050년까지 탄소 중립을 실현하기 위해 한국판 그린 뉴딜을 실행하겠다는 계획을 발표했습니다. 그런데 그린 뉴딜이 무엇일까요? 그린 뉴딜이란 그린Green과 뉴딜New Deal이 합쳐진 말입니다. 이 말의 어원은 약 100년 전으로 거슬러 올라갑니다. 1929년 미국에는 대공황이 불어닥칩니다. 공황이란 매우 크고 장기적인 경기 침체를 말하는데, 1929년 시작된 미국의 경기 침체는 그 어느 때보다 심각했습니다. 주식 가격은 거의 10분의 1로 폭락했고, 약 10만 개의 기업과 6000개의 은행이 파산했습니다. 노동할 수 있는 인구의 4분의 1이 실업 상태에 내몰렸고, GDP도 거의 절반으로 줄어들었습니다. 1933년 미국의 새 대통령이 된 루스벨트는 이 경제 위기를 해결하기 위해 국가 주도로 댐, 도로 건설 등 여러 공공 사업을 벌여 실업자를 구제하고, 경기를 회복시켜 나갔습니다. 이것이 '뉴딜' 정책이었습니다.

기후 위기의 심각성이 대두되는 상황에서 2007년 미국의 토머스 프리드먼은 〈뉴욕타임스〉 칼럼과 그의 책 『코드 그린』에서 과거 미국의 뉴딜 정책에 착안해 '그린 뉴딜'을 통해 청정에너지 산업에 투자하여 경제를 부흥시켜야 한다"고 주장했습니다. 이때부터 그린 뉴딜이라는 말이 쓰이게 됩니다. 토머스 프리드먼이 그의 책에서 주장한 주요 내용은 기후 변화 대응을 위한 구체적인 목표 설정, 정부의 적극적인 역할, 청정에너지로의 전환, 취약 계층에 대한 지원 등이었습니다. 이후 이 그린 뉴딜이라는 용어는 기후 변화에 대응하기 위해 전방위적으로 사회를 바꾸어 가는 프로그램을 일컫는 용어로 사용되고 있습니다. 그린 뉴딜은 2008년 오바마 정부의 핵심 공약이 되기도 했고, 2019년 '그린 딜'이라는 명칭으로 유럽연합의 최우선 사업이 되기도 했습니다.

현재 각국에서 추진하고 있는 그린 뉴딜 정책의 중요 사항에는 우선 재생 에너지의 확대가 있습니다. 전기 등 에너지 생산 과정에서 전 세계 온실가스의 73%가 배출되고 있는데, 그중 많은 부분을 차지하는 전력 생산에서 재생 에너지의 비율을 확대해 나가는 것이 첫 번째 목표입니다. 두 번째는 건물, 조명 등의 에너지 효율 개선입니다. 국제에너지기구는 이를 통해 에너지 부문 이산화탄소 배출량을 큰 폭으로 감소시킬 수 있을 것으로 예상합니다. 세 번째는 지속 가능한 수송입니다. 국제에너지기구에 따르면 수송 분야는 온실가스 배출이 가장 가파르게 증가하고 있는 부문 중 하나입니다. 특히 큰 비중을 차지하는 자동차 부문에서 화석 연료 사용을 억제하고 친환경 자동차로 전환해 가는 것이 중요 목표입니다. 마지막으로 순환 경제입니다. 자원 고갈과 폐기물 문제에 대응하기 위해 채취-생산-소비-폐기로 이루어지던 기존의 선형 경제 구조를 자원 재활용과 재사용을 확대해 순환형 경제로 바꾼다는 것입니다. 세계 각국은 이러한 네 가지 큰 계획 속에 각 국가에 맞는 그린 뉴딜 정책을 추진하고 있습니다.

먼저 미국의 그린 뉴딜을 살펴보면, 미국은 오바마 행정부 당시 그린 뉴딜 정책의 일환으로 재생 에너지 산업에 약 7800억 달러라는 어마어마한 자금을 투자했습니다. 여기에는 풍력과 태양광 발전 등 신재생 에너지 산업, 건물의 에너지 효율 증대를 위한 스마트 그리드 사업, 자동차를 고효율 그린 카로 바꾸기 위한 사업 등이 포함되어 있습니다. 또 저소득층 에너지 효율 증대를 위해 50억 달러를 투입하는 등 빈곤층에 대해서도 많은 재원을 투자했습니다. 이러한 정책은 트럼프 정부 들어 후퇴했지만 2020년 미국의 새로운 대통령으로 당선된 바이든은 4년간 2조 달러라는 천문학적인 투자로 재생 에너지 활용을 늘리고, 2035년까지 미국 발전 부문의 탄소 배출량을 제로로 만들겠다는 계획을 내놓았습니다.

유럽연합의 그린 딜도 2030년까지 재생 에너지, 순환 경제, 자원 효율적 건축, 지속 가능한 친환경 수송, 친환경 농식품, 생태계 및 생물 다양성 보존에 최소 1조 유로를 투자할 계획입니다. 유럽연합은 이러한 투자를 통해 2050년까지 탄소 중립을 달성하는 것을 목표로 하고 있습니다. 또 경제와 산업이 친환경적 구조로 바뀌는 과정에서 소외되기 쉬운 사양 산업, 전통 산업 종사자에게 각별한 관심을 기울일 것을 약속하고 있습니다. 이 계획은 코로나19의 대유행 상황에서도 일정대로 추진되고 있습니다.

한국은 2020년 7월 '한국판 뉴딜 종합 계획'을 발표했고, 이 안에 그린 뉴딜 정책이 포함되었습니다. 한국판 뉴딜 정책은 크게 세 부분으로 구성되는데, 디지털 뉴딜과 그린 뉴딜, 그리고 사회 안전망 강화입니다. 투자비를 보면 디지털 뉴딜에 58.2조 원 그린 뉴딜에 73.4조 원, 사회 안전망 강화에 28.4조 원 등 총 160조 원을 투자할 계획입니다. 그린 뉴딜 정책만 조금 더 살펴보면 ① 도시 공간을 제로 에너지화하고, 녹지를 회복하며 ② 신재생 에너지를 확대하고, 전기·수소 차 등 친환경 모빌리티 보급을 확대하고 ③ 친환경 산업이나 녹색 산업을 육성하고, 저탄소 산업 단지를 개발하겠다는 계획을 가지고 있습니다. 또 이러한 경제, 산업의 전환 과정에서 발생할 수 있는 실업에 대비해 사회 안전망을 확충하고, 교육에 대한 투자도 확대하겠다는 계획입니다.

한국 정부가 이렇게 그린 뉴딜을 추진하겠다는 의지를 보이는 것은 물론 바람직하지만, 몇몇 문제점들이 있습니다. 우선 지적되는 것은 목표가 너무 낮다는 것입니다. 유럽연합은 그린 딜에서 2030년까지 온실가스를 1990년 대비 50~55% 감축하겠다는 목표를 갖고 있습니다. 그리고 이 목표에 법적 구속력을 부여하기 위해 '유럽 기후법'도 제안했습니다. 하지만 한국의 온실가스 감축 목표는 유엔으로부터 "기후 변화 대응에 턱없이 부족하다"는 지적을 받을 정도로 너무 낮습니다. 또 유럽연합의 그린 딜은 2050년까지 장기 계획이 있는 반면 한국의 그린 뉴딜은 5개년 계획으로 장기 목표를 설정하기 어려운 면이 있습니다.

또 유럽의 그린 딜은 기후 변화 대응에서 '정의로운 전환'의 필요성을 명시하고 있습니다. 기후 변화 대응 과정에서 에너지, 건축, 수송, 산업, 농업 등 광범위한 분야에서 쇠퇴하는 산업과 소외되는 지역이 생기고 노동자들이 일자리를 잃을 수 있습니다. 따라서 이들에게 실업 급여, 직업 훈련, 주거, 일자리 소개 등을 제공할 계획을 갖고 있습니다. 또 환경 오염과 기후 변화로 가장 큰 위험에 노출된 지역과 시민들을 위해 예산을 배정했습니다. 한국도 사회 안전망을 확충하겠다는 계획이 있으나 고용 보험 확대, 디지털 인재 양성, 농어촌 디지털 접근성 강화 정도여서 친환경 산업으로의 전환에 따른 구체적인 계획이 부족한 실정입니다.

유럽의 그린 딜은 자원을 재활용해서 폐기물을 줄이는 순환 경제를 핵심적인 의제로 채택하고 있습니다. 이를 위해 제품의 디자인 단계부터 생산, 소비, 수거 및 재활용까지 모든 단계의 세부 정책을 제시하고 있죠. 반면 한국은 순환 경제에 대한 목표가 구체적이지 않고 재활용이나 자원 순환을 더 열심히 해야 한다는 정도에 그치고 있습니다. 그리고 폐기물과 자원 순환에 관한 내용은 주로 환경부에서 다루고 있어서, 환경부의 정책과 그린 뉴딜 정책을 연계해서 일관성 있게 추진할 필요가 있습니다.

마지막으로 기후 변화 대응을 위해서는 국제 협력이 필수적인데, 한국의 그린 뉴딜은 아직 국내 정책 위주라는 지적이 있습니다. 그러다 보니 한국의 공기업인 한국전력공사가 인도네시아와 베트남의 석탄 화력 발전소에 대해 투자를 하는, 그린 뉴딜과는 상반된 일이 벌어지기도 합니다.

해외에서는 한국의 이런 모습에 대해 많은 비판을 하고 있습니다. 2020년 6월 22일 〈워싱턴 포스트〉에는 "문 대통령님, 이것이 한국이 생각하는 그린 뉴딜입니까?"라는 전면 광고가 실렸습니다. 국제 환경 단체들이 그린 뉴딜을 한다면서 국내에 7기의 석탄 화력 발전소를 새로 건설하고, 해외 석탄 발전소에 투자하는 한국을 비판한 것이었습니다. 또 〈디플로매트〉, 〈로이터〉 같은 외신들도 한국의 그린 뉴딜이 다량의 메탄가스를 발생시키는 LNG 발전소 건설, 친환경성이 떨어지는 수소 전기 자동차 생산 등에 투자하는 것을 지적하며, 기업 이익을 환경보다 우선시하는 정책이라고 부정적으로 평가하기도 했습니다.

한국의 그린 뉴딜 정책은 좀 더 상향된 목표를 제시하고, 탈탄소 경제로 전환하는 과정에서 소외되는 이들을 좀 더 잘 돌볼 수 있는 계획을 마련하고, 그린 뉴딜 정책에 부합하지 않는 개발 사업과 해외 투자를 중단할 필요가 있습니다. 물론 유럽의 그린 딜에 대해서도 여러 비판이 있습니다. 근본적인 비판은 그린 뉴딜이 기후 위기

"문 대통령님, 이것이 한국이 생각하는 그린 뉴딜입니까?"라는 제목의 전면 광고.

를 초래한 이윤과 성장 중심의 경제 체제를 고칠 생각을 하지 않고, 기후 위기를 해결하면서 경제도 성장시키겠다는 모순된 목표를 추구한다는 것입니다. 그린 뉴딜은 물론 필요하지만 그보다는 맹목적인 경제 성장을 추구하는 것에서 벗어나 생태계의 한계 내에서 덜 생산하고, 덜 소비하고, 덜 버리고, 공유하고 재활용하는 '재생적 경제'로 탈바꿈하는 것이 기후 위기에 대응하는 더욱 근본적인 해결책일 수 있습니다.

기후 변화와 금융의 역할

기후 변화를 극복하기 위해 중요한 것 중 하나가 금융의 역할입니다. 기후 변화에 적응하거나, 기후 변화를 완화하는 데에는 모두 돈이 들어가기 때문입니다. 그리고 금융 회사가 어떤 산업에 투자를 하는가에 따라 산업 규모가 확대되거나 축소될 수 있기 때문입니다. 거의 모든 기업들은 투자를 받아 자신의 사업을 확장하려 하는데, 투자를 받지 못한다면 사업을 확장하기가 어렵습니다. 반면 투자를 받은 기업들은 자신이 원하는 만큼 사업의 규모를 키울 수 있습니다. 금융은 이렇게 투자를 통해 산업과 경제의 변화에 영향을 줄 수 있습니다.

그러면 기후 위기 시대에 필요한 금융의 역할에는 어떤 것이 있을까요? 우선 앞에서 살펴본 것처럼 기후 변화 적응에 필요한 자금을 조달해야 합니다. 태풍, 해수면 상승, 가뭄 등 기후 변화로 인한 재난에 대응하기 위해서는 제방, 도로, 건물, 수도, 전기 등 기본적인 시설이 견고해야 하는데, 개발 도상국과 가난한 국가들이 이런 시설을 갖추는 데에는 엄청난 비용이 필요합니다. 두 번째로 기후 변화로 인한 피해를 복구하는 데 자금이 조달되어야 합니다. 현재 추세를 보면 기후 변화로 인한 재난이 더 커질 것이 예상되기 때문에, 재난 발생 시 피해를 복구하고 피해자들이 기본적인 삶을 영위할 수 있도록 미리 준비할 필요가 있습니다. 세 번째로 그린 뉴딜과 같이 산업, 경제 시스템을 탈탄소 경제로 전환하는 데 필요한 자금을 조달해야 합니다. 현재 미국과 유럽연합의 그린 뉴딜 사업에만도 3조 달러의 예산이 책정되어 있습니다. 여기에 대규모 온실가스 배출국인 중국, 인도, 러시아 등을 탄소 배출 제로 경제로 바꾸려면 대대적인 투자가 필요합니다. 마지막으로 온실가스를 대량 배출하고 있는 산업에 대해 투자를 중지하고, 기존의 투자금도 조속히 회수할 필요가 있습니다. 온실가스를 많이 배출하는 산업에 투자가 지속된다면, 탈탄소 경제로의 전환이 더뎌질 수밖에 없기 때문입니다.

이렇게 기후 변화에 대응하는 금융 활동을 기후 금융이라 부릅니다. 기후 금융에는 몇 가지 형태가 있습니다. 우선 기후 공제를 생각해 볼 수 있습니다. 공제는 사고나 질병 등 어려운 일을 당하여 발생하는 경제적인 부담을 나누기 위해 회원들이 미리 일정한 금액의 돈을 적립하여 위험에 대비하는 것을 말합니다. 공제의 역사는 오래되었는데 17세기 영국 노동자들의 우애 조합으로부터 시작되었다고 합니다. 당시는 의료 보험이나 산재 보험, 실업 급여 같은 사회 보험이 거의 존재하지 않았기 때문에 노동자들이 질병, 산업 재해, 실업 같은 만약의 상황에 스스로 대비할 수밖에 없었습니다. 그래서 우애 조합을 만들어 십시일반 돈을 모아 기금을 마련해 놓고 위험할 때 지원을 받았던 것이죠. 지금도 이러한 공제조합은 많이 남아 있는데, 우리나라에도 교직원공제회, 군인공제회같이 특정 직업을 가진 회원으로 이루어진 공제회도 있고, 저축 공제, 연금 공제, 보험 공제같이 불특정 다수의 회원을 모집해서 운영하는 공제회도 있습니다.

그러면 기후 공제는 무슨 일을 할 수 있을까요? 우선 기후 변화로 인한 재난에 대비할 수 있습니다. 기후 변화에 취약한 지역에 살거나 직업을 가진 사람들이 조합을 만들어 재난에 대비하고, 만약 피해가 발생하면 서로 도움을 줄 수 있습니다. 예를 들어 기후 변화에 취약한 일용직 노동자나 배달 노동자들은 건강상의 문제가 생겼을 때 의료비와 치료 시 생활비 등을 지원받을 수 있을 것입니다. 또 기후 공제는 소규모 신재생 에너지 사업이나, 친환경 사업을 시작하는 사업자에게 투자를 할 수도 있을 것입니다. 태양광 설치를 원하는 가정들이 공제 조합을 설립하고, 기금을 모아 각 가정에 순차적으로 태양광 발전기를 설치하는 것도 생각해 볼 수 있습니다. 이렇게 기후 공제는 상호 부조의 원리에 입각해 기후 변화에 대응하는 금융의 역할을 할 수 있습니다.

다음으로 기후 보험이 있습니다. 기후 변화로 인한 자연재해와 피해의 증가로 인해, 경제적 위험을 관리하는 보험의 역할은 더욱 커질 수밖에 없습니다. 기후 변화로 인한 경제적 손실은 1980년대에는 연간 500억 달러 수준이었지만 최근 2010년대에는 연간 2000억 달러에 이르는 것으로 보고되고 있습니다. 재난 상황에서 생산 시설이 붕괴되거나 복구 비용이 적절히 지출되지 않으면, 기업의 파산, 소상공인 도산 등 경제 및 금융 시스템 전반에 문제가 일어날 수도 있습니다. 그래서 기후 재난에 따르는 불확실성을 보험에 의해 적절히 관리할 필요가 있습니다. 예를 들어 2005년 미국에서 발생한 허리케인 카트리나의 피해액은 1350억 달러로 추정되는데 이 중 33.3%인 450억 달러가 보험으로 보상되었습니다. 2004년 인도네시아에서 발생한 지진 해일의 피해액은 140억 달러로 추정되는데 이 중 35.7%에 이르는 50억 달러가 보험으로 보상되었습니다. 한국의 경우 2002년 태풍 루사와 2003년 태풍 매미로 인해 9조 4000억 원의 피해가 발생했지만 그중 9.4%인 8800억 정도만이 보험으로 보상되었습니다.

우리나라는 농작물 재해 보험, 풍수해 보험 등을 실시하고 있지만 재해 관리에 있어서 보험의 역할이 다른 나라에 비해 미흡하다는 것을 알 수 있습니다. 특히 농업이나 어업은 기후 변화의 영향을 많이 받기 때문에 농어민들이 기후 재난으로 생업을 포기하는 일이 없도록 보험을 통해 위험을 관리할 필요가 있습니다. 또 기후 재난 시 큰 피해를 입을 수 있는 독거노인 등 기후 변화 취약 계층에 대해 공적인 보험이 필요하다는 의견도 있습니다.

세 번째로 앞에서도 살펴보았던 기후 펀드가 있습니다. 각국에서 그린 뉴딜 등을 통해 탈탄소 경제로 전환하기 위해선 세계적으로 수조 달러에 이르는 막대한 자금이 필요합니다. 이러한 자금을 기후 펀드를 통해 조달할 필요가 있습니다. 글로벌 1위 자산 운용사인 블랙록은 최근 '기후 변화 세계 주식 펀드'를 출시했는데, 규모가 4조 원에 이릅니다. 블랙록은 에너지 생산, 청정 기술, 에너지 관리, 물 관리, 폐기물 관리의 다섯 가지 기준을 바탕으로 기업을 평가하고 점수를 매긴 뒤 투자할 계획이라고 합니다. 탈탄소 경제 전환에 잘 대비하는 기업에 투자를 늘리겠다는 것입니다.

탈탄소 기업에 투자를 늘리는 것만큼 중요한 일은 온실가스를 많이 배출하는 산업과 기업에 대한 투자를 중단하는 것입니다. 대표적인 사례로 '탈석탄 금고 선언'이 있습니다. 지방 자치 단체나 교육청 등 공적 기관이 석탄 발전에 투자하는 금융 기관을 이용하지 않겠다는 선언입니다. 충청남도에서 시작된 탈석탄 금고 선언은 전국 56개 지자체와 교육청으로 확대되었고, 재정 규모도 150조 원에 이릅니다. 이 영향으로 KB, 삼성, 농협 등 금융 그룹이 앞으로 석탄 산업에 투자하지 않겠다는 탈석탄 금융 선언을 했습니다. 하지만 이전에 투자하던 석탄 사업에는 계속 투자를 하고 있어서 환경 단체들의 비판을 받고 있습니다.

지금까지 기후 금융의 종류로 기후 공제, 기후 보험, 기후 펀드에 대해 알아보았습니다. 기존의 금융 투자가 단지 기업의 수익성만을 고려한 것이었다면 이렇게 환경이나 사회적 가치, 기업의 지배 구조까지 고려하는 투자를 환경-사회-지배 구조Environment, Social, Governance: ESG 투자라고 합니다. 기업이 얼마나 친환경적인가, 얼마나 인권과 노동권을 존중하고 성 평등한 문화를 갖고 있는가, 얼마나 투명한 지배 구조를 갖고 있는가 등이 기업에 투자하는 데 있어서 평가 지표가 되는 것이죠. 기후 금융도 ESG 투자의 일종이라고 할 수 있습니다. 최근 들어 ESG 투자는 성장세에 있지만 더욱 확대될 필요가 있습니다. 실제로 북미, 유럽, 오세아니아의 ESG 투자는 전체 투자 규모의 25~60%를 차지하지만, 한국의 경우는 아직 4.18%에 불과하다고 합니다.

금융이 기존의 온실가스 대량 배출 산업과 환경 오염 기업에 대한 투자를 중단하고, 환경과 사회적 책임을 고려한 투자를 더욱 확대하는 것은 우리가 기후 변화를 막아내는 데 한발 더 가까이 다가가는 길입니다. 그런 의미에서 개인들도 탈석탄 금융을 이용함으로써, 금융 기관들이 ESG 투자를 하도록 압박하는 소비자 운동을 전개할 필요가 있습니다. 2020년 3월 환경 단체인 청소년기후행동이 서울시 교육청에 주거래 은행을 탈석탄 금고로 전환하라고 요청해 성과를 거둔 것은 좋은 사례입니다.

에코 마일리지와 기본 소득

지금까지 기후 변화에 대응하기 위해 기업과 정부 수준에서 하고 있는 시도들을 살펴보았습니다. 그러면 개인들이 에너지를 더 절약하고 온실가스 배출량을 줄일 수 있게 유도하는 정책들에는 어떤 것이 있을까요?

우선 에코 마일리지 제도가 있습니다. 에코 마일리지 제도는 시민들이 에너지를 아낀 만큼 마일리지가 적립되고, 이것에 다양한 혜택을 주는 제도입니다. 에코 마일리지 제도가 시작된 지는 10년이 넘었는데요, 2009년 서울시의 '원전 하나 줄이기' 사업의 일환으로 시작되었습니다. 당시 서울시는 2020년까지 온실가스 배출량을 1000만 톤 줄이겠다는 계획을 세웠습니다. 그런데 서울시에는 공장과 같은 산업 시설이 거의 없고, 대부분 가정과 상업 시설이기 때문에 온실가스 배출량을 줄이기 위해서는 시민들의 에너지절약 동참이 필수적이었습니다. 그래서 시민들의 참여를 높이는 방법으로 에코 마일리지 제도를 도입하게 된 것이죠.

에코 마일리지 제도는 가정에서 사용하는 전기, 수도, 도시가스,

지역난방에 적용되는데, 전년도 사용량과 비교해 에너지 사용을 줄인 만큼 마일리지를 적립해 줍니다. 에너지 사용량을 5~15% 줄일 경우 1~5만 원의 에코 마일리지를 적립할 수 있고, 적립된 에코 마일리지는 다양한 용도로 사용할 수 있습니다. 현금처럼 사용할 수 있는데요, 신용카드 포인트로 적립하거나 전통 시장에서 사용할 수 있는 온누리 상품권으로 교환해서 사용할 수 있습니다. 또 멀티탭이나 LED 전구 같은 친환경 용품을 구매하는 데 직접 사용할 수 있습니다. 지방세와 같은 세금이나 아파트 관리비를 내는 데도 사용할 수도 있고, 에너지 빈곤층에게 기부하거나, 중국과 몽골 사막화 방지를 위한 나무 심기에 기부도 가능합니다. 에코 마일리지로 할 수 있는 일이 참 많죠? 서울시에서 시작된 에코 마일리지 제도는 부산, 경기도, 전라남도 등 다른 지자체로도 확대되고 있습니다.

그런데 에코 마일리지에 가입하고 에너지를 줄여야겠다고 마음을 먹어도 어떻게 줄여야 할지 막막할 수 있습니다. 그래서 서울시에서는 에코 마일리지 홈페이지를 통해 각 가정의 에너지 사용 현황을 진단하고, 에너지를 절약할 수 있는 방법을 제안하고 있습니다. 아직 에코 마일리지에 가입하지 않으셨다면 한 번 가입해서, 에너지 절약을 실천해 보는 건 어떨까요? 가입은 서울시 에코마일리지 홈페이지(ecomileage.seoul.go.kr)에서 가능합니다.

서울시뿐 아니라 환경부에서도 2009년부터 에코 마일리지와 비숫한 탄소 포인트 제도를 시행하고 있습니다. 전기, 수도, 도시가스에 대해 절약한 만큼 마일리지를 지급하고, 마일리지는 현금, 카드 포인트, 상품권, 종량제 봉투 구입 등 용도로 사용하거나 기부도 할 수 있습니다. 탄소 포인트 제도는 서울을 제외한 전국 지방 자치 단체를 대상으로 시행 중인데, 탄소포인트제 홈페이지(cpoint.or.kr)에서 가입 가능합니다.

2020년 현재 에코 마일리지 회원은 213만 명으로 서울 시민의 20%가 넘는 인원이 가입했다고 합니다. 탄소 포인트 제도에도 약 192만 가구가 가입해 있습니다. 이 에코 마일리지와 탄소 포인트 제를 통해 저감시킨 온실가스는 2008년에서 2017년까지 864만 톤에 이르는데 이는 소나무 약 13억 그루, 비용으로 환산하면 2조 4000억 원이 넘는 전력 생산 비용을 절감한 것과 같습니다.

두 번째로 국민 개개인의 에너지 절약을 유도하기 위한 정책은 해외에서도 찾아볼 수 있습니다. 재미있는 사례로는 앞에서 잠깐 살펴보았던 스위스의 생태 배당이 있습니다. 스위스는 2008년부터 국가가 탄소 감축 목표를 세우고, 목표를 달성하지 못하면 국민들에게 화석 연료를 소비한 만큼 세금을 걷습니다. 이렇게 징수한 세금의 3분의 1은 건물과 주택의 에너지 개량 사업과 신재생 에너지 사업에 투자하고, 3분의 2는 n분의 1로 나누어 스위스 거주자 모두에게 기본 소득 형태로 지급합니다. 이렇게 되면 에너지를 덜 소비한 기업이나 가정은 세금을 덜 내고 더 돌려받게 됩니다. 에너지를 아낄 이유가 충분해지는 것이죠.

스위스에서 한 해 동안 거둬들이는 탄소세는 2019년 기준 1조 5000억 원에 이른다고 합니다. 스위스 인구가 약 857만인 것을 생각하면 상당한 액수입니다. 또 이 중 3분의 1인 5000억 원을 에너지 절감과 신재생 에너지 사업에 투자한다면 큰 효과를 거둘 수 있을 것 같습니다. 현재 스위스는 생태 배당 제도를 난방 연료에 한해 적용하고 있는데, 2008년 생태 배당 시행 이후 에너지 소비가 30% 가까이 감소하는 효과를 보았습니다. 이렇게 생태 배당의 온실가스 저감 효과가 입증되자 환경 단체들은 생태 배당 제도를 자동차 연료로도 확대하자는 제안을 하고 있습니다. 스위스의 생태 배당은 해외에서도 성공적인 모델로 받아들여져, 미국과 독일에서도 도입을 고려하고 있다고 합니다.

코로나19의 대유행 속에서 기본 소득 성격을 갖는 생태 배당은 더 유력한 자원 분배 수단이 될 수 있습니다. 예를 들어 코로나19 사태를 맞아 어떤 식당이 정부의 영업 금지 조치로 장사를 하지 못했다고 가정해 봅시다. 그러면 당연히 그 식당은 에너지를 거의 소비하지 않았을 것입니다. 이 경우 식당은 생태 배당을 통해 어느 정도 손실을 보전할 수 있을 것입니다. 반면 코로나19 사태에도 장사가 잘된 회사가 있다면(예를 들면 마스크 회사) 그 회사는 많은 탄소세를 내게 되겠죠. 현재 우리가 사는 사회는 일반적으로 경제 활동에 따라 탄소 소비가 많아지기 때문에 생태 배당은 자연스럽게

부를 재분배하는 역할도 할 수 있습니다.

전 국민에게 아무 조건 없이 현금을 나누어 주는 기본 소득은 이전에는 생각하기 어려운 정책이었습니다. 하지만 코로나19 사태 이후 기본 소득은 현실이 되었습니다. 한국에서도 탄소 포인트제와 같은 인센티브 정책뿐 아니라 스위스의 생태 배당과 같은 기본 소득 정책 도입도 적극 고려하여, 개인이 에너지 절약과 온실가스 저감에 더욱 관심을 갖도록 할 필요가 있습니다.

9
기후 정의를 위해 우리가 할 일은 뭔가요?

2016년 12월 4일, 인구 16만 명의 작은 호주 도시 다레빈 시는 세계 최초로 기후 비상사태를 선언했습니다. 기후 비상사태를 선언한다는 것은 어떤 의미일까요? 호주에너지재단에서는 기후 비상사태 선언의 의미를 다음과 같이 정리하고 있습니다.

기후 비상사태 선언

1. 기후 비상사태를 선언한다는 것은 인간 활동으로 인해 세계 기후에 파국적 변화가 오고, 그것이 기후의 안정성을 잃게 해 지구의 모든 생명

을 위협할 수 있다는 것을 인식한다는 것을 의미합니다.

2. 기후 비상사태에 응답한다는 것은 기후 변화를 해결하기 위한 특별한 접근법을 모색하는 것을 의미합니다. 이 접근법은 안전한 기후를 복원할 수 있는 정도의 규모와 속도로 동원되고 실행되어야 하며, 전환하는 동안의 손실과 피해는 최소화되어야 합니다.

3. 안전한 기후를 복원하기 위해선 모든 영역에서 탄소 배출 제로로의 빠른 전환이 필요합니다. 이뿐만 아니라 현재 대기 중의 초과 온실가스에 대한 감축이 필요합니다. 점진적인 개선은 충분하지 않습니다. 제로 배출 경제 및 그 이상으로 전환하는 데 필요한 기술적 해결책은 과학 및 연구에 의해 이미 확인되었습니다. 지금 필요한 것은 적절한 정치적 행동과 해결책의 신속한 이행입니다.

정리하면 기후 비상사태를 선언한다는 것은 현재 기후 변화 수준이 전 지구 생명에 위협이 되는 재앙적 수준이라는 것을 깊이 인식하고, 이를 안전한 수준으로 되돌리기 위한 모든 행동을 즉각적으로 시작하는 것을 의미합니다.

첫 기후 비상사태가 선언된 지 4년이 지난 2020년 12월 기준으로 기후 비상사태는 전 세계 33개국 1854개 지역에서 선포되었습니다. 전 세계 인구의 12.7%에 해당하는 9억 5000만 명이 넘는 사람들이 기후 비상사태가 선포된 지역에 살고 있습니다. 불과 4년 만에 엄청난 성과를 이루어 낸 것이죠. 이 결과로 기후 비상사태는 옥스퍼드 영어사전이 뽑은 2019년 올해의 단어에 선정되기도 했습니다.

한국도 기후 비상사태 선언에 동참하고 있습니다. 2020년 6월 5일 전국 228개 지방 자치 단체 중 226개가 '기후 위기 비상 선언'을 선포했습니다. 그리고 정부와 국회에 기후 위기 비상 상황을 선포하고 2050년 탄소 중립을 선언할 것을 요구했습니다. 이후 9월 24일 국회에서 '기후 위기 비상 대응 촉구 결의안'이 통과되어, 한국은 세계에서 16번째로 국가 차원에서 기후 위기 비상사태를 선포한 국가가 되었습니다.

이 결의안에서 중요한 사항은 우선 한국이 기후 변화에 책임이 있다는 것을 인정한 것입니다. 결의안에서는 한국이 연간 약 7억 톤의 이산화탄소를 배출하는 세계 배출량 7위, 누적 배출량(1751년~2018년) 17위의 기후 변화 책임 당사국이라는 인식하에 '2050년 탄소 순배출 제로'를 실행하겠다고 밝힙니다. 그리고 ① 우선 현 상황이 '기후 위기 비상 상황'임을 선언하고, ② 국회 내에 "기후 위기 대응 특별위원회"를 설치하고, ③ 탄소 다배출 구조를 가진 중앙 집중형 에너지 체계를 재생 에너지 기반의 지역 분산형 에너지 체계로 전환하는 정책을 적극 지지하고, ④ 탄소 순배출 제로로 가기 위한 사회·경제 전환 과정에서 책임과 이익이 정의의 원칙에 따라 공정하게 사회 전체에 분배될 수 있는 '정의로운 전환' 원칙을 준수하고, ⑤ 기후 위기 대응이 국가 범위를 뛰어넘는 전 지구적으로 추진되어야 하는 과제임을 인지하고, 국제적으로 탄소 배출을 줄이기 위하여 정부와 적극 협력한다는 다섯 가지 세부 계획을 발표했습니다.

지자체와 국회의 기후 위기 비상 선언에 이어 10월 28일에는 정부에서 2050년까지 탄소 중립을 이루겠다고 선언했습니다. 이로써 한국은 탄소 중립을 선언한 70여 개 국가 중 하나가 되었습니다. 정부는 앞으로 그린 뉴딜에 8조 원을 투자하고, 석탄 발전을 재생 에너지로 대체하겠다고 밝혔습니다. 이렇게 한국은 지자체와 국회, 정부가 모두 기후 위기 비상 선언을 선포하고, 2050년까지 탄소 중립을 실현하겠다는 약속을 하게 되었습니다.

한국이 국가적으로 기후 비상사태를 선언하고 2050년 탄소 중립을 약속한 것은 매우 고무적인 일이지만 아직 갈 길은 멉니다. 우선 구체성이 떨어진다는 비판이 있습니다. 다른 국가들은 대부분 2030년, 2040년 등 10년 단위로 세부적인 목표와 계획이 제시된 반면 한국의 계획은 2050년 탄소 중립과 연계된 단기 계획이나 세부 계획이 거의 없습니다. 그래서 기후 운동 단체인 기후 위기 비상행동은 "30년 뒤의 목표만이 아니라 현재의 행동이 중요하다. 오늘 가야 할 길을 걷지 않고서 내일 목표 지점에 도달할 수는 없다"며 2030년 탄소 감축을 위한 계획을 수립할 것을 정부에 촉구하기도 했습니다.

두 번째 비판은 한국의 계획이 지나치게 기술 중심적이라는 것입니다. 탄소 중립을 위해서는 근본적인 사회 시스템의 변화가 필요한데 정부의 계획은 기존 탄소 감축 기술을 확대하고 혁신 기술을 도입하겠다는 계획과 순환 경제를 구축해 원재료의 재사용과 재활용을 극대화하겠다는 기술 중심적 해법이 대부분이라는 것입니다. 온실가스 배출을 줄이기 위해 탄소세를 도입하거나, 에너지 과잉 소비를 억제하기 위해 전기 요금이나 경유세를 인상하는 등의 사회적 해법은 보이지 않습니다. 이것은 많은 에너지를 소비하면서 엄청난 양의 온실가스를 배출해 왔던 기존의 경제 구조는 그대로 둔 채 온실가스만 줄여 보겠다는 이야기인데, 이렇게 해서는 탄소 중립을 이루기 어려울 것이라고 많은 이들은 이야기합니다.

결론적으로 지자체나 국회, 정부의 기후 위기 비상 선언이 단지 선언에 그치지 않기 위해선 2050년 탄소 중립이라는 장기적인 목표뿐 아니라 5년, 10년 내로 온실가스를 대폭 감축하는 도전적인 계획을 세울 필요가 있습니다. 마지막으로 이를 위해 단지 기술적인 해법뿐 아니라 사회 시스템을 저탄소 사회로 변화시킬 수 있는 정책적 해법이 필요합니다. 그렇지 않으면 2050년 탄소 중립은 실현되지 않을 가능성이 큽니다.

기후 변화로 사라진 황금두꺼비

코스타리카 몬테베르데 운무림雲霧林 보존 지구는 황금두꺼비의 서식지였습니다. 숲에서는 찾아보기 힘든 아름다운 오렌지색으로 빛나는 이 양서류는 해마다 수백 마리가 숲 웅덩이 주변에 모여 짝짓기를 하는 장관을 이루었습니다. 그러나 1987년 이후 이 숲의 웅덩이가 마르기 시작하면서 황금두꺼비의 개체 수는 급격히 줄어들었습니다. 그리고 1989년 5월 15일 이후 황금두꺼비는 더 이상 찾아볼 수 없습니다. 학자들은 대기가 뜨거워지면서 숲을 적셔 주던 안개구름이 더 높이 올라갔고, 그로 인해 황금두꺼비가 알을 낳았

황금두꺼비 ⓒ미국 어류·야생동물 관리국

던 웅덩이가 마르면서 멸종하게 된 것으로 봅니다. 2004년 황금두꺼비는 기후 변화로 멸종된 최초의 동물로 기록되었습니다.

지금까지 지구에서는 다섯 번의 대멸종이 있었던 것으로 추정됩니다. 그리고 많은 학자들은 현재를 여섯 번째 대멸종기라고 부르고 있습니다. 과거 다섯 번의 대멸종이 지각 변동과 같은 자연적인 변화가 원인이었다면, 현재의 여섯 번째 대멸종은 남획, 서식지 파괴, 환경 오염 등 인간의 활동이 그 원인이라고 보고 있습니다. 2019년 유엔 생물다양성기구 총회에서는 2018년 기준 전체 생물종 가운데 100만 종 이상이 멸종 위기에 처했다고 경고했는데, 이 100만 종은 현존하는 동식물 전체 종의 8분의 1에 해당합니다. 특히 양서류의 40% 이상, 침엽수의 34% 이상, 포유류의 25% 이상이 멸종 위기라고 합니다. 산림의 파괴도 심각해서 2000년 이후 남한 전체 면적만큼의 산림이 매년 사라집니다.

다섯 번의 대멸종 중 가장 심각했던 것은 약 2억 5000만 년 전의 페름기 대멸종입니다. 이 시기에 바다 생물의 96%, 육상 생물의 70%가 멸종되었다고 합니다. 그런데 지금의 여섯 번째 대멸종이 이보다 심각하다는 의견도 있습니다. 고생물학자들은 대멸종이라고 해도 최소한 100만 년에 걸쳐서 일어난 것으로 보고 있습니다. 그런데 현재 속도로 멸종이 계속되면 앞으로 500년 안에 생물종의 50%가 사라질 것으로 예측합니다. 이것은 페름기 대멸종보다 1000배 이상 빠른 속도입니다. 이렇게 되면 최악의 경우 지구 상에 인간만 살아남는 고립기Eremozoic Era가 올 수 있고, 인간의 장기 생존을 장담할 수 없습니다.

기후 변화도 멸종에 큰 영향을 미칩니다. 생물들의 서식지를 파괴하기 때문입니다. 예를 들어 2019년 호주 산불은 무려 6개월간 지속되면서 호주 전체 삼림의 20%를 태웠습니다. 이로 인해 10억 마리의 새, 파충류, 포유류가 희생된 것으로 보고 있습니다. 북극의 빙하가 녹으면서 북극곰이나 바다표범, 바다코끼리 등이 생존의 위협을 받고 있습니다. 이뿐만 아니라 추위에 적응해 살아가는 많은 생물들도 멸종 위기를 맞고 있습니다. 과학자들은 이대로 가면 2100년 북극곰은 멸종할 것으로 예측합니다.

기온의 상승은 고산 지대에 사는 동식물들에도 큰 영향을 미칩니다. 고산 지대는 일반적으로 기온이 낮고, 여기에 적응해 살아가는 동식물들이 많이 분포합니다. 호주 퀸즐랜드 지역에 사는 꼬리주머니쥐는 해발 800미터 이상에서만 살고, 1500미터의 정상 지역에는 이곳에만 사는 새, 도마뱀, 개구리들이 있습니다. 기온이 상승하면 이들은 산 위쪽으로 올라가야 하는데, 더 이상 갈 곳이 없으면 멸종합니다.

바다도 마찬가지입니다. 해수면 온도는 산업화 이전보다 0.8도 상승했는데, 직접적 피해를 입는 대표적인 생물이 바로 산호초입니다. 호주 북동쪽 해안을 따라 남한 면적 두 배에 이르는 대산호초 지대는 전 세계 수많은 해양 생물의 보금자리이지만 수온 상승으로 10여 년간 절반 이상 감소했습니다. 학자들은 지구 평균 기온이 2도 이상 상승할 경우 세계 산호초의 99%는 사라질 것으로 보고 있습니다.

바다의 산성화도 문제입니다. 대기 중 이산화탄소 농도가 증가하면 바다는 이를 흡수해 산성화가 심해집니다. 그런데 바다의 산성화는 조개나 게 등이 자신의 석회질 껍질을 만들어 내는 것을 방해합니다. 과학자들은 이 추세로 기후 변화가 진행된다면 21세기 말에는 조개나 홍합 등이 단단한 껍질을 만들어 내지 못할 것이고, 더 나아가 녹아 버릴 것이라고 경고합니다. 바다 생물의 대멸종이 일어나게 되는 것이죠.

기후 변화는 생물의 생식에도 영향을 줍니다. 26년 동안 나주에서 배 농사를 지어 오던 한 농부는 배 농사를 망쳤습니다. 기온이 상승하면서 배꽃이 평소보다 1주일 이상 빨리 피었는데, 다시 갑자기 기온이 내려가면서 배꽃 눈이 죽어버린 것입니다. 이 농부는 평년의 20~30%밖에 배가 달리지 않았다고, 내년에도 만약 이런 일이 일어난다면 농사를 포기해야 할 것 같다고 말합니다. 네덜란드에서는 1990년대 이후 얼룩딱새의 수가 90%나 줄었는데, 이 또한 기후 변화의 영향입니다. 봄이 빨라지면서 얼룩딱새 새끼들의 먹이가 되던 애벌레들이 일찌감치 성충이 되면서 새끼들이 굶어 죽은 것입니다.

지금 일어나는 생물 멸종은 기후 변화 속도가 너무 빠르기 때문입니다. 앞에서도 말씀드렸지만 지구 평균 기온이 1도 상승하는데 2500년 정도가 걸렸는데, 지난 100년 사이 지구 평균 기온이 1도가 올랐습니다. 이렇게 빠른 기후 변화에는 생물들은 적응이 불가능합니다. 한 지역의 기후가 변하면 생물들은 다른 지역으로 이동해야 합니다. 그런데 생물들의 이동 속도는 그렇게 빠르지 않습니다. 식물은 씨앗을 퍼뜨려서 이동하는데 1년에 2킬로미터를 가기 힘듭니다. 영국에서의 한 연구에 의하면 나비와 같은 종도 10년에 2킬로미터밖에 이동하지 못했고, 딱정벌레의 이동 속도는 그 10분의 1밖에 되지 않는다고 합니다. 우리나라도 지리산 고산 지대에 있는 구상나무가 지난 10년 새 2만 5000그루 이상 고사했다는 통계가 있습니다. 당연히 그곳에 살던 곤충들을 포함한 많은 동물들이 서식지를 잃고 죽어갔을 것입니다.

마크 라이너스는 『6도의 멸종』이라는 책에서 지구 평균 기온이 3도만 올라가도 지구 상 생물의 절반이 멸종 위기에 처한다고 말합니다. 6도가 올라가면 거의 모든 생물이 멸종하는 대멸종이 시작될 것이라고 합니다. 우리는 인간 외에 모든 야생동물이 멸종한 고립기를 현실로 받아들여야 할까요? 그런 세계에서 인간은 또 얼마나 더 생존할 수 있을까요? 여섯 번째 대멸종이 진행되고 있다고 지속적으로 경고하는 국립 멕시코 자치대 생태학 연구소 제라르도 케발로스 박사는 "앞으로 20년 동안 우리가 동물 멸종 위기에 어떻게 대처하느냐가 다른 수백만 종의 운명을 결정할 것"이라고 말

합니다. 지금 기후 변화를 막기 위해 행동하는 것이 인류뿐 아니라
지구 상 모든 종의 생존을 위해서도 중요한 이유입니다.

가능한 작은 실천들

지금까지 우리는 기후 변화에 대해 많은 것을 알아보았습니다.
그런데 이렇게 기후 변화에 대해 알면 알수록 개인의 노력이 무의
미하게 느껴지기도 합니다. 예를 들면 에너지를 아낀다거나, 분리
수거를 열심히 한다거나 하는 일들 말이죠. 과연 이런 작은 실천들
이 의미가 있는 것일까요?

여기에 대해서는 상반된 견해들이 존재합니다. 우선 개인적인
실천으로는 기후 변화를 막을 수 없다는 의견이 있습니다. 이것은
사실입니다. 우리가 앞에서 알아보았듯이 기후 변화를 일으키는
온실가스는 대부분 기업들이 배출하고 있습니다. 물론 우리가 기
업들이 생산한 에너지와 제품을 소비하지만 근본적으로 기업들이
에너지와 제품을 생산하는 방식을 바꾸지 않는 이상 기후 변화를
막기는 어렵습니다. 두 번째는 개인적 실천을 강조하는 것이 개인
에게 죄책감만 심어 주고 기후 변화를 막기 위한 활동에 도움이 되
지 않는다는 의견입니다. "당신이 에너지를 낭비하면 북극곰이 죽
어간다"는 식의 논리는 기업이나 정부에게 돌아갈 화살을 개인들

에게 돌리게 되어 초점이 흐려진다는 것이죠.

하지만 개인적인 실천이 의미가 있다고 말하는 사람들도 있습니다. 기후 위기를 위한 결석 시위로 유명한 그레타 툰베리는 여론 형성에 의미가 있다고 대답합니다.

"비행기 탑승을 거부하면 내 탄소 발자국을 최소화하는 것뿐 아니라 주위 사람들에게 기후 위기가 정말 심각하다는 메시지를 줘요. 또 캠페인이 되기 위한 동력이 될 수도 있어요."

『동물 해방』이라는 책으로 유명한 철학자 피터 싱어는 같은 질문에 이것은 효과의 문제가 아니라 도덕적 책임의 문제라고 답합니다. 모두가 원하는 대로 살 자유가 있다고 이야기할 수 있지만, 그것이 타인을 위험에 처하게 할 수 있기 때문에 온실가스 배출을 줄이는 실천을 해야 한다는 것이죠. 행동 심리학자인 켈리 필딩은 다른 측면에서 이야기합니다. 사람들은 행동할 때 주변의 영향을 많이 받는다는 것입니다. 주변에 행동하는 사람이 많아질수록 기후 변화를 막으려는 노력도 커진다는 것입니다.

작은 실천이 기후 변화를 막을 수는 없지만, 분명 많은 사람에게 긍정적인 영향을 주고, 그들이 행동할 수 있게 하는 계기가 될 수는 있을 것입니다. 그러면 우리가 할 수 있는 것들은 무엇일까요?

첫 번째는 에너지 절약입니다. 우리가 가정에서 사용하는 전기,

수도, 가스 등의 에너지를 아끼는 것이죠. 전기의 경우 에너지를 덜 소비하는 제품을 사용하는 것이 첫 번째로 할 일입니다. 가전제품에는 '에너지 소비 효율 등급'이 표시되어 있는데요, 등급이 낮을수록 에너지 소비를 덜 하는 제품이라는 뜻입니다. 가전제품을 구입할 때 되도록 1등급 제품을 구입할 필요가 있습니다. 전등을 LED 등으로 바꾸는 것도 전기 소비를 줄일 수 있는 방법입니다. LED등은 보통 백열등의 6분의 1, 형광등의 3분의 1밖에 에너지를 소비하지 않을 뿐 아니라 수명도 더 깁니다.

또 사용하지 않는 전자제품은 플러그를 뽑거나 스위치가 있는 멀티탭을 이용해 전원을 차단해야 합니다. 전자제품에는 '대기 전력'이라는 것이 있습니다. 사용하지 않을 때도 소비되는 전력을 말하는데, 제품마다 차이는 있지만 보통 전기 사용량의 10% 정도를 차지한다고 합니다. 특히 요즘은 인터넷 모뎀이나 공유기, TV 셋톱박스 등 사용하지 않을 때도 늘 켜놓는 전자제품들이 많이 늘어났습니다. 이런 제품들은 사용하지 않을 때 코드를 빼는 것만으로도 에너지를 상당히 아낄 수 있습니다.

난방 온도 조절도 에너지를 절약하는 데 중요합니다. 여름철 냉방 온도는 26도, 겨울철 난방 온도는 20도 정도가 적당하다고 하는데요, 냉난방 온도를 1도 조정하는 것만으로도 연간 110킬로그램의 이산화탄소를 줄일 수 있다고 합니다. 그러니 난방 온도를 조금 낮추고 내복을 입는 것이 좋겠죠. 그보다 더 중요한 것은 단열이 잘되도록 건물을 짓는 것입니다. 주택의 대부분 열이 손실되는 문, 창문 등의 기밀을 확실히 하고, 효율이 높은 단열재를 사용한다면 난방 에너지를 확실히 절감할 수 있습니다. 만약 새로 집을 짓는다면 거의 완벽한 단열이 가능한 패시브 하우스를 고려하는 것도 좋습니다. 수도는 샤워 시간을 줄이거나 빨래를 모아서 하는 방법으로 절약할 수 있습니다. 샤워 시간을 1분 줄이면 가구당 연간 4.3킬로그램의 이산화탄소를 줄일 수 있고, 빨래를 모아서 하면 가구당 연간 14킬로그램의 이산화탄소를 줄일 수 있다고 합니다. 그리고 설거지통을 사용하는 것도 좋은 물 절약 방법이라고 하네요.

 에너지를 생산하는 것도 생각해 볼 필요가 있습니다. 우선 가정에서 태양광 패널을 이용해서 에너지를 생산할 수 있습니다. 정부나 지자체에서 보조비를 지원해서 1~2년이면 설치비를 회수할 수 있다고 합니다. 난방과 온수는 태양열을 사용할 수 있습니다. 이는 태양열로 직접 물을 데워 난방이나 온수 공급에 사용하는 방법입니다. 지열 냉난방도 생각해 볼 수 있습니다. 지하 깊은 곳의 온도가 약 15도로 일정하다는 것을 이용해, 건물 내부 공기를 지하 깊은 곳의 공기와 교환함으로써 건물 온도를 일정하게 유지할 수 있습니다.

 개인이 가장 에너지를 많이 소비하는 부분 중 하나가 이동입니다. 자동차보다는 대중교통을 이용하고, 30분 이내의 가까운 거리는 자전거를 이용하거나 걸어서 이동하면 좋습니다. 자동차 이용을 일주일에 하루만 줄여도 연간 445킬로그램의 이산화탄소를 줄일 수 있습니다. 4층 이하는 에스컬레이터나 엘리베이터보다 계단을 이용하면 에너지 소비를 줄일 수 있습니다. 엘리베이터를 1회 이용할 때마다 12.7그램의 이산화탄소가 발생한다고 하니까요.

일회용품의 소비를 줄이고, 재사용, 재활용을 철저히 하는 것도 온실가스를 줄이는 데 중요합니다. 한 번 쓰고 버리는 일회용품은 생산 과정뿐 아니라 폐기하는 과정과 매립 이후에도 많은 온실가스를 발생시킵니다. 또 비닐이나 플라스틱은 가볍고 썩지 않아 바다 한가운데 거대한 쓰레기 섬을 만드는 등 심각한 환경 오염의 원인이 되고 있습니다. 하루에 종이컵을 다섯 개 사용하면 연간 20킬로그램의 이산화탄소를 발생시킵니다. 일회용 비닐봉지를 사용하지 않으면 연간 188킬로그램의 이산화탄소를 줄일 수 있어요.

먹거리에 신경을 쓰는 것도 중요합니다. 일단 먹을 만큼만 구입해야 합니다. 버려진 음식물이 부패하는 과정에서 다량의 온실가스가 발생하기 때문입니다. 또 자신이 사는 곳 가까이서 생산된 로컬 푸드를 먹는 것이 좋습니다. 운송 과정에서 많은 에너지가 소모되고, 썩지 않도록 상당한 양의 방부제가 사용되기 때문입니다. 제철 음식을 먹는 것도 중요합니다. 비닐하우스에서 생산된 식품은 밭에서 생산된 식품에 비해 보통 다섯 배의 에너지를 소모한다고 합니다. 그리고 앞에서 살펴본 것처럼 채식은 기후 변화를 막기 위한 매우 중요한 실천이 될 수 있습니다.

마지막으로 강조할 것은 기후 변화를 막기 위한 직접 행동과 환경 단체 후원입니다. 이에 대해서는 다음 절에서 좀 더 자세히 알아보겠습니다.

"우리는 행동해야만 합니다"

2019년 4월 22일 런던 자연사 박물관은 시위대로 가득 찼습니다. 이들은 박물관을 점거하고 거대한 흰긴수염고래 골격 아래 누워 시위를 벌였습니다. 시위대는 영국 정부가 기후 변화에 신속히 대응할 것, 2025년까지 탄소 배출 제로를 달성할 것, 이를 감독할 시민 의회를 구성할 것 등을 정부에 요구했습니다. 이 시위를 주도한 것은 '멸종 저항'(또는 멸종 반란)이라는 단체였습니다. 멸종 저항의 장기간 시위 끝에 2019년 5월 1일 영국 의회는 기후 비상사태를 선포했습니다.

기후 변화가 심각해지면서 기후 변화에 대응하는 시민들의 행동도 늘고 있습니다. 멸종 저항은 대표적인 기후 운동 단체 중 하나입니다. 멸종 저항은 2주 이상 런던의 주요 도로를 점거하고 시위를 벌였습니다. 이 과정에서 1000명이 넘는 시위대들이 체포되었습니다. 영국의 올림픽 금메달리스트가 멸종 저항 시위에 참여해 체포되었는가 하면 유명 배우 엠마 톰슨이 지지 의사를 표명하기도 했습니다. 이들은 스스로를 '비폭력 시민 불복종 환경 운동가'로 칭하고 있습니다. 이들의 상징인 원 안의 모래시계는 멸종 위기종을 구할 시간이 점차 줄어들고 있는 것을 뜻합니다.

멸종 저항이 이렇게 도로나 건물을 점거하는 이유는 무엇일까요? 에너지를 아끼거나 대중교통을 이용하는 등의 개인적 실천이나 캠페인만으로는 더 이상 기후 변화를 막기 어렵다고 생각하기 때문입니다. 이들은 정부의 정책 변화를 요구합니다. 그래서 체포될 각오로 도로나 건물을 점거하고, 경찰에 체포될 때까지 시위를 합니다.

2018년 시작된 멸종 저항 운동은 짧은 시간에 전 세계 수십 개 도시로 확대되었습니다. 멸종 저항에 따르면 2018년 이후 영국 이외의 지역에서도 400여 명의 단체 구성원들이 시위 중 체포된 것으로 분석하고 있습니다. 2019년 10월 7일은 2주간의 멸종 저항 시위가 전 세계적으로 시작된 날입니다. 이 시기 뉴욕의 시위 참가자들은 뉴욕의 교통을 차단했고, 독일의 시위자들은 메르켈 총리의 집무실 근처에 본인들을 쇠사슬로 묶기도 했습니다. 파리에서는 시위대가 쇼핑센터를 점거하기도 했죠. 이날 하루 동안 전 세계에서 수백 명이 체포되었습니다. 한국에서도 2020년 11월 19일 멸종 반란 회원들이 국회 철문에 쇠사슬로 몸을 묶은 채 "우리는 살고 싶다"고 외쳤고, 결국 연행되었습니다. 이들은 인터뷰에서 "기후 위기가 진짜 위기 상황이라면 코로나19 대응하듯이 해야 해요.

극단의 조치를, 처방을 하라는 요구예요"라고 이야기합니다.

청소년들도 기후 위기에 대응하는 운동에 적극 나서고 있습니다. 청소년들의 운동은 2018년 그레타 툰베리라는 스웨덴 소녀의 등교 거부 운동으로 전 세계에 확산되었습니다. 15세의 그레타 툰베리는 스웨덴 선거가 시작되기 전 3주 동안 학교를 가지 않고 스웨덴 국회의사당 앞에서 1인 시위를 하며 정치인들에 기후 변화를 막는 법안을 만들 것을 요구했습니다. 그 이후로 툰베리는 매주 금요일 1인 시위를 이어갔습니다. 이 시위는 '미래를 위한 금요일' 운동으로 발전했습니다. 전 세계 청소년들의 동시 다발 행동을 촉구했던 2019년 3월 15일에는 세계 100개국에서 1500건 이상의 등교 거부 시위가 벌어졌습니다. '미래를 위한 금요일'에는 세계 7500개 도시에서 1400만 명 이상이 함께했습니다. 이들은 지구 평균 기온 상승을 1.5도 미만으로 유지할 것, 정의롭고 공정한 전환을 할 것, 과학적 지식을 최대한 활용할 것을 요구하고 있습니다.

청소년들의 기후 위기 대응 활동은 특히 중요합니다. 일부 사람들은 "어리다"거나 "공부할 나이다"라는 반응을 보이기도 합니다. 하지만 30~40년 뒤 기후 위기의 가장 큰 피해를 입게 될 청소년이 직접 행동하는 것은 어찌 보면 당연한 일입니다. 최근 포르투갈의 8~21세의 청소년 기후 위기 활동가 여섯 명이 "기후 변화가 유럽인권법으로 보장받아야 할 어린이와 청소년들의 인권을 침해했다"며 유럽 33개국을 대상으로 소송을 제기했습니다. 이에 대해

청소년들이 정부의 기후 대응 정책을 채점한 성적표를 전달하기 위해 청와대 방향으로 행진하는 장면(2019년 9월 27일). ⓒ연합뉴스

유럽인권재판소는 '소송 자격이 있다'고 판정하고, 유럽 국가들에게 온실가스 감축안을 제출받고, 청소년들의 주장처럼 33개국 정부가 온실가스 감축 노력을 제대로 하지 않아 어린이와 청소년들의 인권을 침해했는지 살펴보고 있습니다. 이들은 2017년 이상 기후로 인한 산불로 이웃 주민 120여 명이 목숨을 잃는 것을 목격하고, 크라우드 펀딩으로 자금을 모아 소송을 진행했습니다. 이렇게 청소년들의 활동은 기후 변화에 무관심한 성인들에게 큰 울림을 줍니다.

한국에도 기후 위기에 대응하는 운동 단체들이 있습니다. 대표적으로 '기후 위기 비상행동'이라는 단체가 열심히 활동하고 있습니다. 또 '미래를 위한 금요일' 한국 지부이기도 한 '청소년 기후행동'이라는 단체도 있습니다. 이들을 비롯한 많은 환경 단체들의 헌신적인 활동과 노력이 한국 정부가 기후 위기 비상 선언을 선포하고, 그린 뉴딜을 추진하는 계기가 되었습니다.

기후 위기의 심각성을 느낀다면 개인적 실천을 넘어, 시민, 기업, 정부를 향해 목소리를 내는 일에 관심을 가져 보면 어떨까요? 집회나 시위에 함께하지 못하더라도 기후 위기를 막기 위해 행동하는 단체들을 지지하고 후원하는 일은 기후 위기 극복에 큰 도움이 될 것입니다.

"기후 변화가 인류의 존재론적인 위기인 만큼 우리는 행동해야만 합니다." -그레타 툰베리

참고 자료

* 신문·방송·잡지 - 단행본·논문 - 온·오프라인 자료 순

1부

1. 기후 변화가 뭐예요?

[2018 폭염 보고서] ① 111년 사상 최악… 최장·최고기록 경신(연합뉴스, 2018.8.18.)

[건강이 최고] "폭염 사망자, 정부 통계보다 최대 20배 더 많다" (연합뉴스, 2019.8.10.)

[전문가의 세계 - 조천호의 빨간 지구] (7) 공기 중 0.04%뿐인 온실가스, 지구 급소를 때린다(경향신문, 2019.2.14.)

'카트리나' 수천 명 사망 공식 확인(한겨레, 2005.9.5.)

"기후 변화=유럽의 흉계"… 또 저질 음모론!(프레시안, 2011.6.24.)

"기후 변화로 금융위기의 4배 손실"(중앙일보, 2019.9.24.)

"트럼프가 (또) '이렇게 추운데 지구 온난화가 웬 말이냐'고 했다" (허핑턴포스트, 2018.11.22.)

'100년 만의 혹한' 북미 지역 피해 속출… '영하 50도'(SBS 뉴스, 2018.1.5.)

기후 변화와 해수면 상승… 수억 명의 터전이 바다에 잠긴다(뉴스타파, 2018.9.21.)

남극보다 추운 미국…영하 50도 육박한 '살인 추위'(중앙일보, 2019.1.31.)

물과 열의 스트레스 커지며 식량안보 위협… 위기 인식 못 해 더 큰 위기(경향신문, 2019.11.22.)

베네치아 홍수: 이탈리아가 홍수로 국가비상사태를 선포했다… (BBC, 2019.11.15.)

불평등을 악화시키는 기후 변화(한겨레, 2019.4.29.)

연간 인류가 쓰는 에너지의 6,800배… 태양 에너지를 잡아라(한국일보, 2018.6.30.)

日, 태풍 하기비스 피해 증가… 사망 75명·실종 16명(동아일보, 2019.10.16.)

장기화되는 한반도 폭염 '인간 활동이 원인' 첫 규명(경향신문, 2019.12.23.)

전 세계 소 10억 마리… 3분의 1은 인도(한국경제, 2017.6.5.)

지구 온난화는 헛소리? 미 정부 '사이비 과학'에 뿔난 과학자들(한겨레, 2017.3.13.)
"폭염 특보 11년째 선진국 흉내만… 더위지수도 무용지물"(한국일보, 2019.7.18.)
해마다 반복되는 가뭄, 예경보 4단계로 늘리고 법제화한다(한겨레, 2019.1.9.)
[COVER STORY]식량 위기 부추기는 기후 변화(월간 퓨쳐에코, 2015.1.19.)
HFO 냉매 시대 열린다(냉난방공조 신재생 녹색건축 전문저널 칸, 2018.7.8.)
냉매규제와 자연냉매 'CO$_2$' 가능성(투데이에너지, 2015.5.2.)

마이클 만·톰 톨스, 『누가 왜 기후 변화를 부정하는가』(미래인, 2017)
마크 라이너스, 『6도의 악몽』(세종서적, 2008) p79
반기성, 『반기성 교수의 기후와 환경 토크토크』(프리스마, 2016)
임영섭, '인위적 지구 온난화론 VS 기후 변화 회의론'(가스안전, 2012.7)
제리 실버, 스스로 배우는 지구 온난화와 기후 변화(푸른길, 2010) pp.45~49
폭염은 사회적 약자를 노린다(한겨레21, 2018.8.6.)
필리프 스쾨르조니, 『만화로 보는 기후 변화의 모든 것』(다른, 2015) pp.408~419

국립기상과학원 http://www.nims.go.kr/?sub_num=875
기상청 기후정보포털 http://www.climate.go.kr/home/cooperation/lpcc.php
기후변화센터 http://www.climatechangecenter.kr
기후변화홍보포털 https://www.gihoo.or.kr/portal/kr/main/index.do
CORRECTIV https://searise.correctiv.org/ko/

2. 지구에 무슨 일이 생겼나요?

[2017 세계] 기억해야 할 올해의 사람들(경향신문, 2017.12.25.)
[난민, 세계의 위기] ④ 3분의 2가 阿·중동서… 분쟁·극단주의가 최대 원인(한국경제, 2018.7.3.)
[난민, 세계의 위기] ⑥ '공존' 모색하는 유럽… 난민의 사회통합이 관건(연합뉴스, 2018.7.3.)
[난민, 세계의 위기] ⑦ "근거 없는 두려움 버리고 차분하게 접근해야"(연합뉴스, 2018.7.3.)
[뉴스 인사이드] 수단·소말리아·시리아 끝없는 내전… 발단은 '가뭄'이었다(세계일보,

2016.8.14.),

[사진] 몰디브 수중 각료 회의(중앙일보, 2009.10.19.)

[수요기획] 죽음이 차오르는 나라, 투발루(KBS. 2008.11.26.)

[영화감독 마문의 노동일기] 난민 문제, 사람이 먼저입니다(한겨레, 2018.7.11.)

[원더풀 사이언스] 베네치아를 구하라 모세 프로젝트(EBS, 2010.5.20.)

[최악의 폭염·가뭄] "율무 제대로 안 크고 쭉정이뿐… 수확 포기"(농민신문, 2018.8.10.)

[하나뿐인 지구] 지구의 경고 온난화 난민(EBS, 2015.9.11.)

[환경칼럼] 해수면 상승, 연안 대도시의 침몰(푸른아시아, 2019.12.26.)

"2050년 해수면 상승으로 3억 명 침수 피해… 한국도 130만 명"(중앙일보, 2019.10.30.)

"기후 변화에 따른 해안가 피해 규모 과소평가됐다" 기존보다 3배 커(동아사이언스,
2019.10.30.)

"이런 물이 농업용수라니… 무섭다"(오마이뉴스, 2018.8.14.)

15년간 7조 원 들인 방어벽 '모세'는 왜 베네치아를 구원하지 못했나(허핑턴포스트,
2019.11.15.)

The Real Migrant Crime Wave: Mafia Exploitation of Migrants in Sicily(*News Deeply*,
2017.8.1.)

Venetians rage at flood-defence delay: 'They don't think of us'(*The Guardian*,
2019.11.14.)

기후 변화, 문제는 돈… 끝나지 않는 선진국 vs 개도국 책임 논란(한겨레, 2020.12.11.)

마약 대신 토마토에 손… '동네 양아치' 다 된 마피아(중앙일보, 2018.12.11.)

베네치아 53년 만에 최악의 침수… 산마르코 대성당도 잠겼다(한겨레, 2019.11.14.)

선제적인 기후 변화 대응이 곧 국가안보다(중앙일보, 2017.2.12.)

선진국들, 녹색기후기금 미납… 2020년 목표액에 22조 원 부족(중앙일보, 2018.11.23.)

수몰 위기 키리바시 이주민 "기후 난민 인정하라" 뉴질랜드서 전례 없는 소송(한국일보,
2015.6.26.)

연간 영유아 310만 명 기아로 사망… 250원이면 아이들 하루 식비 충당(카톨릭평화신문,
2017.1.22.)

유엔 '기후 위기 난민 지위' 첫 인정(한국일보, 2020.1.21.)

유엔 "지중해 건너는 난민 18명 중 1명 사망"(VOA코리아, 2018.9.3.)

이산화탄소 배출량 세계 7위 한국… 측정 위성 없고 띄울 계획도 '0'(동아일보, 2019.9.23.)

전 세계 지하수 고갈된다… 대수층 35% 위험 수준(국민일보, 2015.6.8.)

트럼프, 말뿐인 줄 알았던 "멕시코 국경 장벽" 공식화(YTN News, 2017.1.26.)

[국영문 합본] 해양 및 빙권 특별보고서 정책결정자를 위한 요약본 SPM(기후정보포털,
   2019.12.24.)

[보도자료] 내전 4년… 시리아 난민들 상황 악화(유엔 난민 기구, 2015.3.12.)

[이달의 이슈] 기후 변화, 환경 난민을 만들다(기후 변화센터, 2019.9.15.)

[자료] 한국에서 난민으로 살아가기: 난민 인정자 처우 현황 자료집(난민인권센터,
   2018.12.24.)

전서희, [이달의 이슈] 기후 변화, 환경 난민을 만들다(기후변화센터, 2019.9.15.)

폭염의 사회적 비용 106조 원, 해수면 상승 피해액 총 286조 원(한국개발연구원, 나라경제,
   2017년 3월호)

『세계 석탄산업 현황』(대한석탄공사, 2018.12.31.)

시리아 긴급 구호(유엔 난민 기구) https://www.unhcr.or.kr/syriaemergency

투발루 프로젝트 팩트 북 Tuvalu Project Fact Book(http://www.tvpr.tv/wp-content/
   uploads/2018/12/Fact-Book-2018FW.pdf)

FLOODED FUTURE: Global vulnerability to sea level rise worse than previously
   understood(climatecentral.org, 2019.10.29.)

SURVIVAL CHALLENGES: Food & Water Security in Tuvalu (https://www.youtube.
   com/watch?v=umPfcQLxEvl)

Tuvalu's National Adaptation Programe of Action(UNDP Climate Change Adaptation,
   2007.5)

3. 기후 위기, 누구의 책임일까요?

[글로벌 포커스]기후 변화, 貧國-빈곤층에 직격탄… "貧者에 대한 비양심적 공격"(동아일
   보, 2019.7.13.)

[기자회견] "석탄발전OFF, 미세 먼지BYE"(녹색연합, 2019.3.5.)

[기후 변화 현장을 가다]"부국이 만든 기후재앙, 왜 가난한 우리가…"(경향신문, 2018.3.3.)

[기후 변화 현장을 가다]아프리카는 지금 '물 전쟁'(경향신문, 2008.1.21.)

[시사금융용어] 기후 금융(연합인포맥스, 2019.7.26.)

[제현주의 굿 비즈니스, 굿 머니]기후 위기 대처, 먼저 움직이는 '큰손'들(경향신문, 2019.12.19.)

"국내 온실가스 배출량 1위 업체 포스코… 11.3% 차지"(연합뉴스, 2019.6.20.)

"기후 변화에 따른 빈부차별 닥쳐올 것" 유엔 보고서(이로운넷, 2019.7.2.)

"원가 대비 전기 요금 주택용 70%, 산업용 90%"(폴리뉴스, 2020.1.29.)

"태풍은 통장 잔고를 가려 오지 않는다" 필리핀 소녀의 일갈 (오마이뉴스, 2020.1.25.)

COP25 was meant to tackle the climate crisis. It fell short(CNN, 2019.12.15.)

EU '탄소 국경세' 도입 추진… ILO 협약 이어 韓 기업 '날벼락'(조선일보, 2019.11.28.)

IEA "한국 전기 요금, 주요 28개국서 2번째로 저렴"(연합뉴스, 2019.10.27.)

Just 100 companies responsible for 71% of global emissions, study says(*The Guardian*, 2017.6.26)

그린피스 "한국, 아세안과 진정한 협력은 해외 석탄발전 투자 중단" 촉구 시위(그린피스 보도자료, 2019.11.25.)

글로벌 이슈 '탄소장벽'을 넘어가라(환경미디어, 2010.9.30.)

에너지빈곤층이 누군지는 아세요?(더스쿠프, 2018.9.14.)

이기범, 기후 변화에 대한 인식이 급진화되고 있다(사회주의자, 2019.6.26.)

이산화탄소 배출량 세계 7위 한국… 측정 위성 없고 띄울 계획도 '0' (동아일보, 2019.9.23.)

한국, 공해수출국 오명… '중국에 이어 세계 석탄발전 투자 2위'(한국일보, 2019.3.28.)

한전 산업용 전기 요금 인상에 산업계 '부글부글'… 경쟁력 발목 잡아(소비자가 만드는 신문, 2020.2.12.)

배유진, 아프리카에서 더 복잡한 기후 변화 이슈(한국외국어대학교 아프리카연구소, 2019.3.18.)

이정필·공혜원, [에너진포커스 95] 기후총회(COP25) 평가와 신기후체제의 위기(에너지기후정책연구소, 2020.1.17.)

주영선, [이달의 이슈] 합의 불발, 실망스러운 COP25 결과(기후 변화센터, 2019.12.27.)

최영웅·양태경, 「기후 변화 취약 계층 지원프로그램 운영 및 체계화」(환경부, 2018)

하종식 외, 『기후 변화 취약 계층 적응대책 개발』(환경부, 2015)

2019년 국가 온실가스 인벤토리(1990~2017) 보고서(환경부 온실가스종합정보센터, 2020.1.2.)

기후의 위기, 기후 변화가 동부 아프리카의 가뭄과 재난을 어떻게 심화시켰는가(옥스팜 보고서, 2017.4.27.)

석탄 화력 발전소 배출 초미세 먼지로 연간 최대 1,600명 조기사망(그린피스, 2015.3.4.)

수정보완된 2030 온실가스 감축 로드맵-탄소 자물쇠에 묶일 것인가(기후 변화행동연구소, 2018.8.2.)

한국 생태발자국 보고서 2016(WWF Korea, 2016)

CO2 emissions from fuel combustion(IEA, 2019)

David Eckstein, Vera Künzel, Laura Schäfer, Maik Winges, GLOBAL CLIMATE RISK INDEX 2020, (German Watch, 2020)

Emission Database for Global Atmospheric Research (EDGAREuropean Environment Agency)

Extreme Carbon Inequality(OXFAM Media Briefing, 2015.12.2.)

http://there100.org/

https://ourworldindata.org/co2-and-other-greenhouse-gas-emissions

https://www.globalcarbonproject.org/

World Greenhouse Gas Emissions: 2016(World Resource Institute)

2부

4. 기후 변화에 적응하는 법을 알려 주세요

"그들만의 '물 비즈니스', 더욱 목마른 우리"(프레시안, 2007.7.31.)

[2019 예산안]저소득층 3만 가구에 20만 원짜리 에어컨 지급(머니투데이, 2018.8.28.)

[평화원정대] '말라버린 땅'의 저주는 여자들에게 퍼부어졌다(한겨레, 2018.5.9.)

녹색기후기금, 96억 달러 추가 조성… 첫 재원 확충 성공(연합뉴스, 2019.10.28.)

맥도널드 폭염수당 100원 요구, 1년 뒤 어떻게 됐을까(노컷뉴스, 2019.7.17.)

베이조스, 100억 달러 규모 기후 변화 대응 펀드 설립(연합뉴스, 2020.2.18.)

서울 저소득층 5가구 중 4가구 에어컨 없어… "정책 필요"(노컷뉴스, 2020.5.5.)

아프리카 사회적 기업들의 새로운 도전!(조선일보 더나은미래, 2017.7.3.)

인도네시아, 아시아 국가 중 처음으로 녹색 채권 발행(연합뉴스, 2018.2.23.)

한국에 본부 둔 '녹색기후기금', 100억 달러 재보충될 듯(뉴시스, 2019.10.25.)

황정규, 파리협약의 모순과 정부의 턱없이 모자란 "장기 저탄소 발전전략" 검토안(사회주
의자, 2020.2.13.)

박영호·김예진·장종문·권유경, 『적정 기술 활용을 통한 對아프리카 개발협력 효율화 방
안』(대외경제정책연구원, 2014)

유정민. 윤순진 (2015), 전환적 기후 변화 적응에 대한 비판적 고찰: 가능성과 한계, 환경정
책 23(1), 149-181

주성수, 『글로벌 개발 거버넌스』(한양대학교 출판부, 2018)

국가기후변화적응정보포털 https://kaccc.kei.re.kr

기후변화홍보포털 https://www.gihoo.or.kr/portal/kr/main/index.do

글로벌 기후 금융 동향 조사(녹색기술센터, 2018.8)

녹색 약속을 이행하는 녹색 채권(세계자연기금 한국본부, 2017)

오덕교, 국내외 녹색 채권 동향(한국기업지배구조원, 2020)

제2차 국가 기후 변화 적응대책(관계부처 합동, 2015.12)

https://www.wateraid.org/

Short-changed on climate change(Water Aid, 2020)

Stéphane Hallegatte, Jun Rentschler, Julie Rozenberg, Lifelines: The Resilient
Infrastructure Opportunity(World Bank Group. 2019)

5. 파리 협정이 뭐예요?

"세계최대 아마존·콩고강 열대우림이 말라죽고 있다"(매일경제신문, 2014.4.25.)

[글로벌 돋보기]UN "국제이주협약, 뭔지나 알고 반대하십니까?"(KBS News, 2018.12.11.)

[난민, 세계의 위기] ⑤ 엇갈린 두 시선… "관용의 대상" vs "안보에 위협"(한국경제,
2018.7.3.)

[에코리포트]영구 동토가 사라진다(동아사이언스, 2020.1.24.)

"산림"의 탄소흡수량, 숲 가꾸기 기술로 좌우된다(한국조경신문, 2019.11.26.)

"영구 동토층까지 녹으면 최악의 재앙"(한겨레, 2012.12.3.)

기후 변화, 과연 누구의 책임인가?(BBC News 코리아, 2020.6.21.)

아마존 열대우림 파괴 가속⋯ 5월에만 축구장 7천개 면적 사라져(연합뉴스, 2019.5.23.)

오갈 데 없는 남미 난민들의 '엑소더스'(주간경향, 2018.4.3.)

이성규, 바다, CO2의 저장 능력 약해져(사이언스타임즈, 2013.10.16.)

캐나다 교토 의정서 첫 탈퇴선언(한겨레, 2011.12.13.)

Abrahm Lustgarten, The Great Climate Migration(The New York Times Magizine, 2020.7.20.)

거우훙양, 『저탄소의 음모』(라이온북스, 2011)

나오미 클라인, 『이것이 모든 것을 바꾼다』(열린책들, 2016)

노동운, 고혜진, 중국의 온실가스 배출 추이와 시사점(세계 에너지시장 인사이트 제15-36 호, 2015.9.25.)

박시원(2016). 파리 협정과 Post-2020 신기후체제의 서막. 환경법과 정책, 16, 285-321

서원상(2012). 기후 변화에 대한 역사적 책임. 법학연구, 37, 1-22

윌리엄 노드하우스, 『기후 카지노』(한길사, 2017)

이만희, 박선경, OECD 국가의 온실가스 감축공약NDC의 비교 분석을 통한 우리나라 온 실가스 감축 목표 평가(Journal of Climate Change Research 2017, Vol. 8, No. 4, pp. 313~327)

정귀희, 미국 트럼프 행정부의 파리 기후변화 협정 탈퇴 결정과 그 파장(세계 에너지시장 인사이트 제17-20호, 2017.6.19.)

최종원, 트럼프의 전략: 무엇이 트럼프를 대통령으로 만들었나(DBpia Report for Research, 2016.11)

2030 온실가스 감축 로드맵 수정안 및 2018~2020년 배출권 할당계획 확정(환경부 보도 자료, 2019.7.24.)

기후 난민? 생태학적난민? 그들의 현실(유엔 난민 기구 공식 블로그, 2012.9.10.)

실존적인 기후 관련 안보 위기 – 시나리오적 접근(호주 국립 기후 복원 센터, 2019.5)

에너지용어:탄소 집약도^{Carbon Intensity, CI}(한국에너지공단 주간 에너지 이슈 브리핑, 2015. 6.12.)

외교부 기후변화협상 http://www.mofa.go.kr/www/wpge/m_20150/contents.do

파리 협정 길라잡이(환경부, 2016.5)

호주 산불, 기후 변화가 불러온 대재앙–팩트체크(그린피스, 2020.1.16.)

Global Footprint Network National Footprint Accounts 2019

6. 기후 변화와 먹거리는 무슨 관계인가요?

[2020국감]'온실가스 주범' 화학 비료 사용량 8년새 13% 증가(이데일리, 2020.10.13.)

[강석기의 과학에세이] '지구생물량 중 인간이 차지하는 비율은'(사이언스타임즈, 2018.6.29.)

[지구촌 IN] 코로나19로 세계 '기아' 문제 빨간불(KBS 뉴스, 2020.7.29.)

'대체육' 시장 급성장세… '비건' 소비자 선택 폭 넓어진다(경향신문, 2020.5.7.)

1인당 육류 소비량 중국·일본보다 많아… 연간 51.3kg(뉴스1, 2016.4.15.)

600kg 소 1마리 잡으면, 안심 6.5kg·토시살 0.9kg(노컷뉴스, 2016.5.23.)

Richard Anderson, Food price crisis: What crisis?(BBC News, 2012.10.16.)

곡물자급률은 '세계 최하위'… 농약 사용량은 '선진국의 10배'(농민신문, 2019.6.12.)

김명자, [중앙시평] 음식물 폐기 줄이는 게 식량안보(중앙일보, 2014.8.30.)

비료서 배출되는 제3 온실가스 아산화질소 지구 온난화 '복병'(연합뉴스, 2020.10.21.)

쇠고기 1kg의 '물발자국'은 얼마일까(한겨레, 2011.7.22.)

수명 다한 늙은 젖소 공급 과잉 타개책(중앙일보, 2008.6.1.)

유기질비료로 온실가스 잡는다(노컷뉴스, 2011.6.22.)

인간의 토지 사용 변화가 코로나 확산 불렀다(동아사이언스, 2020.6.5.)

인류를 향한 은밀한 역습, '햄버거 커넥션'(연합뉴스, 2009.8.28.)

전 세계 비식용 농작물, 40억 명 분량(한겨레, 2014.7.28.)

죽음의 바다 급증… 화학 비료가 주범(사이언스 타임즈, 2010.10.12.)

'지구 허파' 아마존 열대우림 '삼림파괴 심각'(노컷뉴스, 2019.12.31.)

집콕으로 '코로나 비만' 된 아이, 성조숙증 주의를(헬스조선, 2020.5.3.)

항생제 오남용은 테러만큼 위험합니다(헬스조선, 2015.9.30.)

박상표, 동물용 성장 호르몬의 문제점과 건강 영향(건강과 대안 이슈페이퍼, 2012)

박환일, 곡물가격 단기 급등락, 곡물메이저·투기자본이 주범(KDI 경제정보센터 나라경제, 2012.10)

임송수, UNEP의 세계 토지 사용에 관한 평가(세계농업 제167호, 2014.7)

장 지글러, 『왜 세계의 절반은 굶주리는가』(갈라파고스, 2016)

[에너지 라이프] 화학 비료가 기후 변화에 미치는 영향은?(한국에너지공단블로그, 2018.6.19.)

세계식량가격지수 올해 들어 첫 상승(농림축산식품부 보도자료, 2020.7.7.)

세이디 로빈슨, 왜 곡물 가격이 폭등하는가?(노동자연대, 2008.4.17.)

육식의 딜레마: 고기 덜 먹기가 자동차 안 타기보다 나은 이유(기후 변화행동연구소, 2011.7.26.)

'채식인 또는 채식주의자^{vegetarian}'의 7가지 유형 / 채식주의자의 7가지 종류(채식이야기, 2011.4.26.)

2019 Global Hunger Index(Global Hunger Index, 2019)

ASFG, Land grabs at gunpoint: Thousands of families are being violently evicted from their farms to make way for foreign-owned plantations in Kiryandongo, Uganda(GRAIN, 2020.8.25.)

by Hannah Ritchie and Max Roser, Land Use(Our World in Data, 2019.9)

John Vidal, Corporate stranglehold of farmland a risk to world food security(*The Guardian*, 2014.2.16.)

Key facts and findings(UN FAO, 2019.12.13.)

Per capita consumption of meat worldwide from 2016 to 2018, with a forecast for 2028, by region(statista, 2020)

The Average American Consumes About 30 Pounds Of Hamburgers A Year(SouthFloridaReporter, 2019.5.27.)

3부

7. 에너지 전환이 뭐예요?

'4대문 안 혼잡 통행료 8000원 보고서' 3년 묵힌 이유(한겨레, 2017.7.4.)

'친환경 연료'인 줄 알았는데… 천연가스 수소 차의 '배신'(경향신문, 2019.10.23.)

"세계 車업계, 작년 온실가스 48억t 배출… 전체 배출량의 9%"(연합뉴스, 2019.9.10.)

"용도별로 다른 전기 요금, 전압별 요금제로 전환해야"(매일경제신문, 2020.9.1.)

"원가대비 전기 요금 주택용 70%, 산업용 90%"(폴리뉴스, 2020.1.29.)

"원가도 회수 못한 전기 요금, 이제는 바꿔야"(전자신문, 2020.9.20.)

"한전·삼성물산, 석탄발전 투자 멈춰라"(경향신문, 2020.8.27.)

"한전이 한국선 '탈석탄' 하며, 해외 석탄발전에 참여하는 건 비양심적" 한전에 투자한 영국 성공회의 일침(조선비즈, 2020.8.8.)

"환경비용 고려 땐 원전이 발전단가 훨씬 비싸"(부산일보, 2017.7.3.)

100% 탈원전을 꿈꾸는 스웨덴 에너지정책(Kotra 해외시장 뉴스, 2017.3.24.)

2034년까지 원전 11기 폐쇄-석탄 발전소 30기 가동 중단(동아일보, 2020.5.8.)

IEA "한국 전기 요금, 주요 28개국서 2번째로 저렴"(연합뉴스, 2019.10.27.)

고리 원전 1호기 해체 예상 비용 8129억(동아일보, 2020.6.30.)

신지예, 녹색도시 프라이부르크를 방문하다(레디앙, 2017.6.20.)

양재영, CO2 배출하지 않는 원자력발전 "유일한 선택이다"(원자력신문, 2016)

육지의 1%에 인구 절반이 옹기종기(한겨레, 2016.1.26.)

이영경, 온실가스 배출량, 단순비교 안 될 말(탈핵신문, 2020.7)

이지언, 핵발전이 기후 변화의 대안이라고? (환경운동연합, 2017.11.2.)

저탄소 거대도시, 꿈이 아니다(동아비즈니스리뷰, 2020.9)

정석, 파리의 도시혁명(경향신문, 2020.8.30.)

탄소 제로, 친환경에너지 자립도시가 뜬다(가스저널, 2018.10.23.)

한국, 작년에도 세계 7위 자동차 생산국 유지… 생산점유율은 4.2%로 확대(이투데이, 2020.2.17.)

김해창, 『원자력발전의 사회적 비용』(미세움, 2018)

200

알렉스 스테픈, 『월드 체인징』(바다출판사, 2009)

에릭 스피겔·닐 맥아더·랍 노턴, 『2030 미래 에너지 보고서』(이스퀘어, 2011) pp.30~31

이노우에 토시히코 외, 『세계의 환경도시를 가다』(사계절, 2004)

이명식, 이강복 (2011). 저탄소 기술 계획 요소를 활용한 탄소 중립 단지 조성에 대한 연구.
　　대한건축학회 논문집 - 계획계, 27(10), 33~42

박광수, 전기 요금 체계 합리화 방향 및 과제(에너지경제연구원, 2019.12)

존 호턴, 『지구 온난화의 이해』(에코리브르, 2018)

토니 세바, 『에너지 혁명 2030』(교보문고, 2015)

고준위방폐물이란(한국원자력환경공단 https://www.korad.or.kr/)

독일의 환경수도, 프라이부르크를 아시나요?(국토교통부 기자단 공식 블로그, 2013.7.22.)

양이원영, 주택용 전기 요금 누진제 개편안과 에너지 전환 정책(전기 요금, 무엇을 위해, 어
　　떻게, 책정되어야 하나? - 전기 요금 개편안에 대한 시민사회 토론회, 2019.6.19.)

에너지원별 발전량 현황(e-나라지표,2020.6)

에너지원별 발전량 현황(한국전력공사 월별 전력통계속보, 연도별 한국전력통계)

https://ourworldindata.org/emissions-by-sector

8. 탄소 중립을 위한 정책에 대해 알려 주세요

강철구, 1929년의 경제공황은 무엇인가?(프레시안, 2011.5.13.)

국내 배출권 거래제 3기 준비 중…세계 배출권 현황은?(전기신문, 2020.6.5.)

금융권에 부는 '탈석탄' 바람…알맹이 빠진 반쪽 선언 전략 우려(투데이신문, 2020.11.20.)

김상현, 유럽 '그린 딜'이 모범이 될 수 없는 이유(한국일보, 2020.6.27.)

누굴 위한 온실가스 배출권 거래법인가(더스쿠프, 2020.9.1.)

블랙록, '기후 변화 세계 주식 펀드' 새롭게 출시(임팩트 온, 2020.8.12.)

서울시, 에코 마일리지로 193만7,000톤의 온실가스 배출량 저감 효과(인더스트리 뉴스,
　　2018.6.19.)

전국 56개 자치단체·교육청 '탈석탄 금고' 선언(한겨레, 2020.9.8.)

조길영, 오바마의 그린 뉴딜, 이명박 녹색뉴딜(오마이뉴스, 2009.2.28.)

탄소세, 지구를 살릴까(오마이뉴스, 2019.12.2.)

한해 소나무 2억3천만그루 심는 효과 '탄소 포인트제'(연합뉴스, 2017.7.18.)

김남수 등, 10년간의 에코 마일리지 성과 분석 및 향후 제도 발전방안 연구(국토환경연구원, 2019.6)

김형탁, 노동자와 공제(봉제인 공제회 창립기념 토론회 자료집, 2019.12.5.)

문진영 등, 그린 뉴딜 관련 국제사회의 대응과 시사점(대외경제정책 연구원, 오늘의 세계경제 2020.8)

박찬호, 초기협동조합 운동의 특징과 의미(건강미디어, 2016.12.30.)

배출권 거래 및 탄소세: 두 가지 정책수단, 하나의 목표(ETS 브리프 8호, 2019년 4월)

왕한, 탄소 배출권 거래제도가 에너지소비량에 미치는 영향에 관한 연구, 중앙대학교 대학원, 2018.8

윤효영 (2015). 배출권 거래제도의 현황과 개선 방안. 강원법학, 45, 393~431

이덕연 (2018). 온실가스 배출권의 재산권화 및 상품화에 대한 비판적 고찰. 강원법학, 54, 325~365

이승준, 기후 변화 위험과 보험회사의 대응 방안(보험연구원 CEO Report, 2019.4)

장영욱 등, 유럽 그린 딜이 한국 그린 뉴딜에 주는 정책적 시사점(대외경제정책 연구원, 오늘의 세계경제, 2020.9)

조혜경, 성공적 환경정책의 모범사례로 부상하다(정치경제연구소 대안 Alternative Issue Paper, 2019.8.26.)

조혜경, 스위스 탄소세 생태 배당 모델, 성공적 환경정책의 모범사례로 부상하다(정치경제연구소 대안, Alternative Issue Paper No.14, 2019.8.26.)

최경진, 「배출권의 법적 성질」비교사법, 제17권 1호(통권 48호), 한국비교사법학회, 2010, 420~424.

최임수, 탄소 배출권 시장의 불안정과 정부의 대응, Asia-pacific Journal of Multimedia Services Convergent with Art, Humanities, and Sociology Vol.8, No.6, June(2018)

한택환·임동순, EU의 비시장적 환경규제가 전원 내 석탄비중과 배출권 가격에 미친 영향 분석, 「환경정책」 제27권 제1호 2019. 3: 151-179

ESG투자란 무엇인가?(피델리티 자산운용 홈페이지, https://www.fidelity.co.kr/)

OECD 대표부, 배출권 거래제도와 탄소세(OECD 대한민국 대표부, 2009.3.5.)

기후 변화 관련 신규 기후 보험 도입 추진을 위한 전략 연구(에코파이, 2018.4)

기후 위기, 교육청이 응답하라(환경운동연합 보도자료, 2020.3.24.)

서울시민 5명 중 1명 에코 마일리지 회원… 상반기 온실가스 16만 4천톤CO2 감축(서울특별시 새소식, 2020.5.20.)

에코 마일리지 안내문(https://ecomileage.seoul.go.kr)

에코 마일리지: 시민참여형 에너지 절약 프로그램
 https://www.seoulsolution.kr/ko/node/3348)

주요국가의 탄소세 등의 도입 현황(대한석유협회 미래전략팀, 2018.3.23.)

탄소 포인트제 안내서(https://cpoint.or.kr/user/guide/cpoint.do)

탄소 포인트제 홈페이지(https://cpoint.or.kr/)

한국판 뉴딜 종합계획(대한민국정책브리핑 관계부처 합동, 2020.7)

9. 기후 정의를 위해 우리가 할 일은 뭔가요?

[영상] "멸종 보단 연행"… 그들은 왜 국회 철문에 몸을 묶었나(한겨레, 2020.12.6.)

[이정모의 자연사 이야기] 지구 생물 6번째 대멸종, 산업 혁명과 함께 시작됐다(중앙선데이, 2014.12.28.)

[포토] "기후 변화에 대응하라" 런던 자연사박물관 점거한 시위대(한겨레, 2019.4.23.)

'멸종 저항'과 '전환 저항', 어느 길을 택할 것인가?(프레시안, 2019.4.29.)

'심해 괴물의 습격' 더 무서운 건 심해 수온의 상승(경향신문, 2020.10.19.)

'탄소 중립'은 변화를 요구… "구체적 정책과 입법 필요"(한겨레, 2020.10.28.)

"기후 변화 막자" 전 세계 학생 등교거부 시위… 100여개국 동참(연합뉴스, 2019.3.15.)

"전셋집에도 설치 가능"… 가정용 태양광, 얼마면 본전 뽑나(중앙일보, 2017.8.6.)

"현재 지구에서는 6번째 대멸종 진행 중… 속도 더 빨라졌다"(사이언스타임스, 2020.6.2.)

6번째 대멸종 '인간'이 100배 가속(한겨레, 2007.10.26.)

국회 '기후 위기 비상 선언' 첫 결의안 채택(한겨레, 2020.9.24.)

그레타 툰베리: 기후 변화를 놓고 세계 정상들과 한 판 붙은 10대(BBC News Korea, 2019.9.28.)

기후 변화 비극… "이대로면 북극곰 2100년까지 멸종"(연합뉴스, 2020.7.21.)

기후 변화: '비상사태' 시위 나선 '멸종 저항'(BBC News Korea, 2019.10.8.)

기후 변화를 막으려는 개인의 노력은 쓸모없는 행동일까?(BBC News Korea, 2019.9.20.)

김형자, 여섯 번째 지구 대멸종의 시계가 빨라졌다(주간조선, 2020.6.15.)
문 대통령 "2050년 탄소 중립 선언… 석탄발전, 재생 에너지로 대체"(한겨레, 2020.10.28.)
박정연, 기후 위기 비상 선언 다음, 지방정부가 해야 할 일(프레시안, 2020.7.14.)
어린 환경운동가들, 유럽 33개국 이기다(경향신문, 2020.12.1.)
영국, 세계 최초로 '기후 변화 비상사태' 선포(머니투데이, 2019.5.2.)
요즘같은 온난화·산소 부족이 사상 최악 페름기 대멸종 불렀다(한겨레, 2018.12.7.)
유엔 "생물 100만종 이상 멸종 위기… 인간이 주 위협"(매일경제신문, 2019.5.6.)
전국 226개 지방 자치 단체 "정부, 2050년 탄소 중립 선언해야"(한겨레, 2020.6.5.)
정부, 2050 탄소 중립 로드맵 발표… "경유세, 전기 요금 등 방안 불명확(경향신문, 2020.12.7.)
환경 단체 멸종 저항 "체포도 두렵지 않다" 전 세계 시위(경향신문, 2019.10.8.)

마크 라이너스, 『6도의 멸종』(세종, 2008)

김성환 등, 기후 위기 비상 선언 결의안(의안번호1312, 2020.7.2.)
김지석, 호주 산불은 꺼졌지만, 기후 변화는 현재진행형(그린피스, 2020.3.9.)
경향신문 인터렉티브: 기후 변화의 증인들
(https://news.khan.co.kr/kh_storytelling/2020/climatechange/index.html)
탄소 포인트제 홈페이지(https://cpoint.or.kr/)
Climate Emergency - Developing Your Action Plan Guide(Australian Energy Foundation)
Four years of climate emergency declarations(edamia.org, 2020.12.5.)